文史哲詩叢

莊雲惠主編

大詩壇：詩人手跡

文史哲出版社印行

因為詩　因為愛

——主編大詩壇緣起

莊雲惠

曾有詩友問道：「你認為出版中國詩歌選有什麼效果？」老實說，自己從未想過這個問題，我想，除了我、還有其他許多詩人會執著在這條路上，願意出錢出力出版詩選，推廣詩學，都是因為對詩的熱愛；因為「愛」，於是有了不需理由的理由，沒有原因的原因，也正因為「愛」，才能堅持至今。

我在年輕時，歸依了藝文，選擇了新詩創作，那時前輩稱我們為「新生代」；轉眼二十餘年過去，不知不覺已成為別人眼中的「中生代」了。而今，處在承上啓下的階段，面臨社會環境的急遽變遷，生存競爭成為主流議題，文學創作好像只是工商業主流價值之外的附加裝飾品，在浮動的人心中載浮載沉，也許不只是踽踽獨行的詩人，任何文藝工作者對於類似的現象，可能都會產生無力又無奈的感嘆吧！

然而，每每自問：何不乾脆就此輟筆？為什麼還要持續寫作？為什麼還要勤勤懇懇投身這份心靈工程呢？最後自己的答案仍然還是：因為「愛」啊！我學習，因為我願意；我前進，因為我願意；我沉浸，因為我願意；我執著，因為我願意。這一切的願意，都是一股莫名的愛意。

一路走來，仰望前輩詩人的古風，欣賞他們的翩翩風采，領受他們的無私扶持，聆聽著諄諄教誨。儘管他們在詩壇文壇佔有一席之地，仍努力的堅持初衷創作不懈，並且謙恭待人，不顧掌聲多少、不論毀譽成敗，盡心盡力的在創作路上默默前進，這種風範與毅力，除了令人敬佩，也正是後輩效法的楷模。

●

還記得多年前那個燈火搖曳的夜晚，在景美漢神百貨附近的咖啡廳與王祿松老師相約，商討寫作事宜，並談及「中國詩歌選」的編務。那時，談到詩、談到畫、談到詩學的推廣，他的語氣裡充滿了高亢的興奮，眼神中散發了光熱。

「中國詩歌選」在一九九四年由詩壇多位前輩發起作業，甄選當代詩人最新力作，期能提升詩歌的大愛襟抱，普及詩教的敦厚化育，激發現代人的創作理路，擴大當代的詩運影響。

歷時十餘年，已出版了九部。

「中國詩歌選」是王祿松老師晚年念茲在茲的刊物，他認為這是他一心耕耘的園地，是實現理想的一方淨土，也是他和一群志同道合者著力希望能持續下去的一片心願。因此，當他看著自己漸漸步入老年，得知病後的我，願意承接主編的工作，內心自是感到快慰無比；再又談及詩歌選改版及改版後幾年的計畫，他的神采頓時飛揚起來，當時那樣的身影，在他與世長辭之後，仍深刻烙印在我腦海之中。看著老當益壯的他，對文學有著強烈的執著，對藝文創作有著無比的熱情，還有在詩領域上孜孜不倦的奮進，我除了自嘆弗如之外，也只能仰望與追隨了。

後經編委們於二○○四年四月開會討論改版事宜，將以年度詩選為主的「中國詩歌選」，自第十本起改為「大詩壇——中國詩歌選名家經典」，一次以一個主題呈現，而改版後的第一個主題為「詩人手跡」。我們希望，每一版的「大詩壇」都是可長可久，可大可遠，可以一筆光動，千韻盡起，可以典藏，也可以看到詩人們的詩籟飛騰的智慧與心血……

這本書從二〇〇四年籌畫、邀稿、編輯、討論、至問世，歷時近四年。基於個人的因素導致出版時間的延遲，讓我深感歉疚，彷彿有一個盛會，我早已應允也盛裝打扮，卻始終未能赴約；有一個承諾，橫亙在心未能踐履，變成絲絲縷縷的牽掛……。其實，編輯工作一直在進行，經過編委開會決議邀集兩岸三地及海外詩人的稿件，最後收件確定刊載的有台灣三十七件、大陸九件、香港七件、澳門二件、澳洲及美國各一件，書中累計收錄五十七位詩家，有詩人難得一見的手稿，還有精選的詩作。

這期間，詩壇歷經了許多變化，幾位前輩詩人的凋零，我依稀看見一個哭泣的秋季。先是創刊編委王祿松老師的猝逝，爾後上官予先生、張朗先生、文曉村先生也先後離世；還好來得及留下他們的手稿與作品，尚能在文字中追念他們的成就與風采，留下當代詩壇最珍貴的紀錄。時間的流逝，生命的起落，讓我驚心，也讓我惶恐，更催促我在庸庸碌碌的平凡歲月，須加快腳步構築最初的理想願夢，盡心努力去實現。

當我在編輯校對的過程中，與其說是主編這本詩集，不如說我是在欣賞每一位詩人的風采。拜讀他們的作品，我彷彿進入了一個五彩繽紛的心靈國度，不同風格、不同語言、乃至不同面貌，但也從不同的作品之中，我看到了對於詩的創作相同的熱情、相同的真愛與相同的執著。在這段獨我而寂靜的心靈旅程中，我的心是喜悅的，走進每一位詩人的世界，與他的作品共同脈動，雖不一定能窺其全貌，但相逢自是喜悅，點滴心頭別有一番不同風韻。

除了我個人的作業外，由於「大詩壇」是屬於編委集資出版，各項關鍵問題亦由編委共同會商決定，編委們不管路途遠近、都能放下自家要務，撥冗數度開會，期能為這部書展開一次壯麗的出航。在最後編校階段看著前輩詩人認真專注讀稿的神情，我深受感動，不禁暗自感嘆，是什麼力量驅策著我們前進？是什麼使命感讓我們衣帶漸寬終不悔？是什麼心念讓我們一路走來雖千萬人吾往矣？我相信：都是因為愛。

猶記其中一位編委語重心長的說：「出版詩選集是一件很有意義的工作，一定要有人去做啊！」一定要有人去做，一定要有人做「傻瓜」；青史不朽，詩亦不可滅，詩學必須被推廣，新詩必須被更多人欣賞，必須深耕在更多人的心中。這種胸懷，這份理想，是遙深的誓願，也已然化成壯實的作為，我甘心被感召，並踏著前輩的腳步，繼續前進，不管力量的多寡，「做就是了！」因為我在愛中，也願隨著前輩們把愛傳遞、把詩的種子散播人間。

當我向文史哲出版社發行人彭正雄先生談及「大詩壇」的現況時，他欣然允諾出版，並有志一同希能以最完美的方式呈現此書，他的道義情懷，我深深感謝。這本書以王祿松老師晚年著力創作的水墨畫為圖，除為每一篇幅增添美感，也紀念一位畢生奉獻詩與畫創作的詩人畫家；封面則是由王祿松老師從事美術設計的二公子王旋完成，這也是他懷念父親的另一種方式。謝謝每一位賜稿的詩家，因為大家的支持與肯定，才有這本書的誕生；而其中或有疏漏，或有遺珠之憾，尚祈見諒；我們當更加努力，唯盼愛願如麗水紛生，讓新詩之美源遠流長。

寫於九十七年二月十八日

大詩壇 詩人手跡 目錄

鍾鼎文作品

王祿松繪

襄城月夜

鍾順文

千古的明月　萬里的旅客
今夜裡　一時同在襄城

寂寞的孤城　似霜
一城的月色　如銀

月夜與孤城　都依然如故
在何處　有吹笛的美人

今夜裡　我將詩句題上明月

泰山

它站著，它是泰山。
在它的上面，我站著，
而我的上面，是天……

天、從我的上面，垂向四方，
山、從我的下面，波及四邊；
天與山，在遠處連接成一線，
以我為軸，劃出宇宙的渾圓。

在此時，在此地，我是一點，
寄託於無邊際的時間、空間；
我要以我的有限，對抗無限，
放開懷抱，高歌在泰山之巔。

在我的上面，是天。

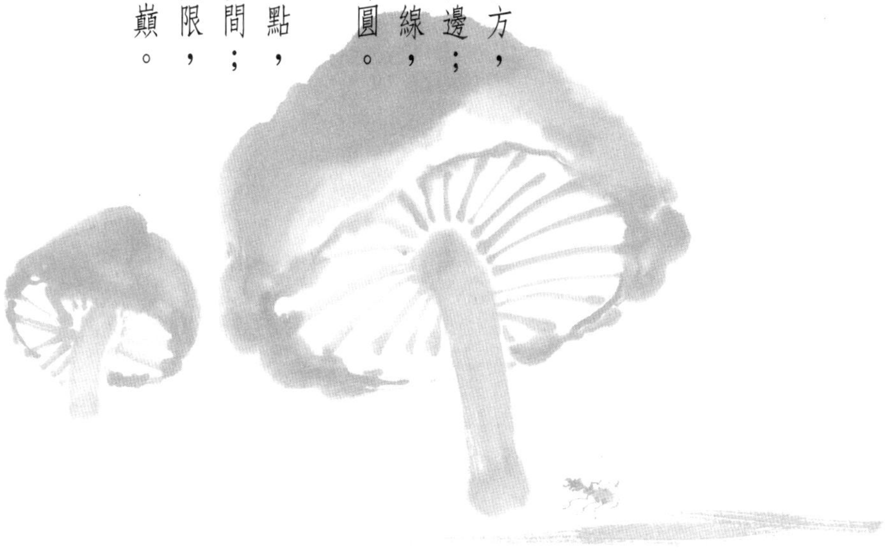

在天的下面，我站著，
而我的下面，是山……

啊啊，泰山，
你且站在下面！

襄樊之秋

自來中原逐鹿，
襄樊的得失，最苦兵家；
該有過多少金戈鐵馬，
曾在西風裏，明月下，
化作了猿、鶴、蟲、沙……

百代下，又是傷懷時節；
塞上的西風，海上的明月，
更加天涯的倦客，
今夕都從萬里外，來在襄樊，

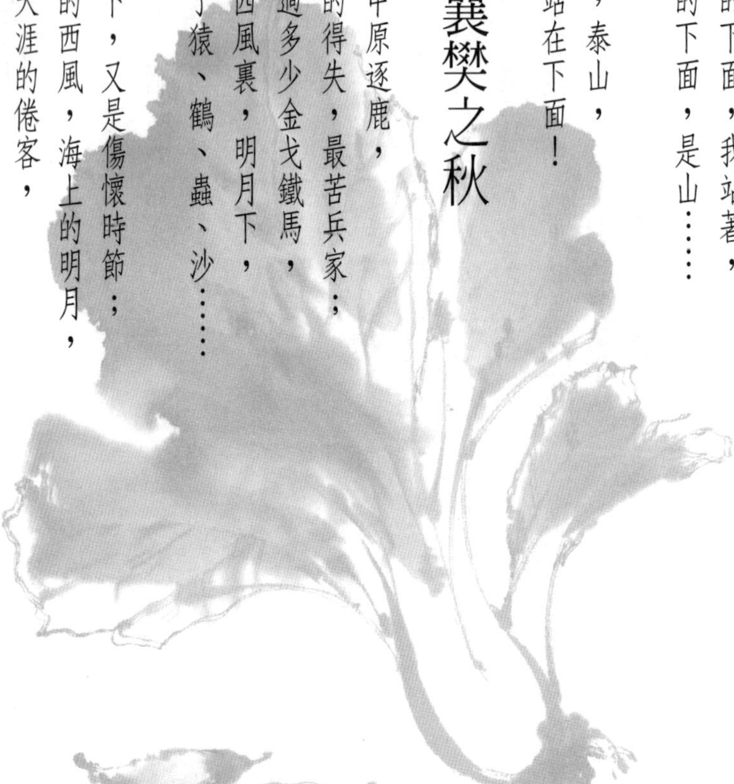

彷彿是共踐前約。

風在漢水水上，
月在樊城城外，
人在襄陽渡口，
分別帶來了三份清秋
——秋聲、秋色、秋愁。

此地的城闕，已夠弔古，
今夕的風月，更足悲秋；
偏又有誰吹笛在高樓，
和起波心的扁舟欸乃，
雲間的寒雁咻咻……

作者簡介

鍾鼎文，一九一四年生，安徽省舒城縣人；畢業於上海中國公學大學部、日本京都帝國大學。歷任大學教授、報社總編輯、總主筆、國會議員……等職。

一九三〇年開始以筆名番華發表新詩，爲世所重。一九四九年來台，寫詩尤勤，悉署本名。出版詩集多部，詩作譯成外文有：英、法、德、義、西班牙、葡萄牙、希臘、土耳其、荷蘭、波蘭、日、韓、印度、泰、阿拉伯等十五種文字。

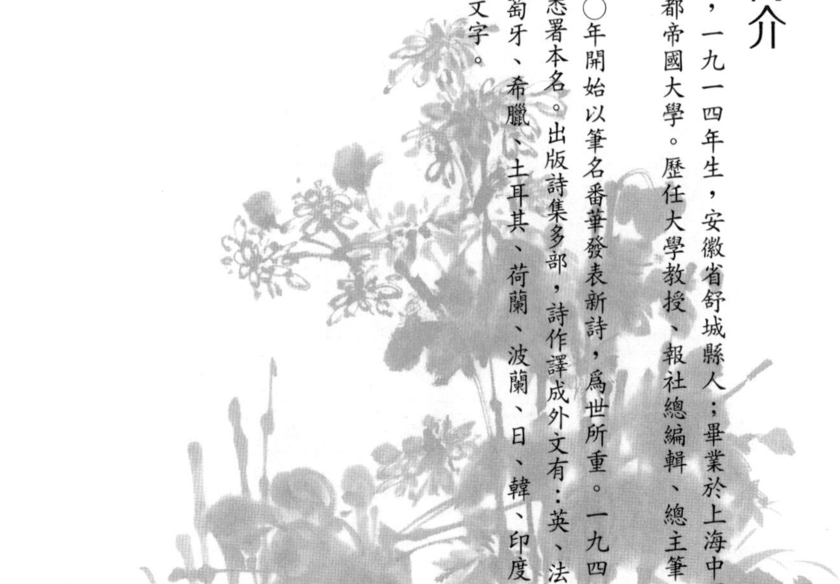

墨人作品

王祿松繪

神木

墨人

在原始森林裡你最原始
你見過堯天舜日
你神手直摩雲天
你和星星月亮夜細語

你忍受了幾千年的風霜雨雪
閃電霹靂
你沒有垂頭喪氣
你給我的啟示
挺着就是向上的

映山紅

像火樣熱烈
妳把全生命
炫耀在一季之中
妳的名字叫映山紅

一看見妳
我的心卜卜跳動
妳火樣的熱情
常使我徜徉在萬山群中

我就愛妳朵朵嫣紅
因為那青春的喜悅、生之讚頌
妳彷佛一粒燎原的火種
一朵紅而遍山紅

山城

山城裡沒有立體的建築
只有低矮而破爛的房屋
和一條狹窄而醜陋的街

山城裡沒有殷紅的嘴唇
和醉人的爵士音樂
也沒有婀娜的舞步
和迎風搖曳的楊柳腰枝

外來的人説
山城像一張樸實的畫
樸實的面孔
樸實的人物
樸實的衣裙
和一顆看不見的

作者簡介

墨人本名張萬熙，一九二〇年生，出版有詩集《自由的火燄》、《哀祖國》、《山之禮讚》及散文集、小說集、文藝理論兩岸中外文版本共六十一種。一九六一、一九六二年作品即由維也納 Neff（納富）出版社公司編入世界最佳小說選集。二〇〇四年巴黎出版大長篇《紅塵》法文本。美國世界大學、國際大學授予兩個榮譽文學博士學位、艾因斯坦國際學院授予榮譽人文學博士學位。英國劍橋國際傳記中心副總裁。

周夢蝶作品

王祿松繪

題未定

周夢蝶

在一寸艷一寸血的重重玫瑰之上
再畫一重玫瑰
畫到夏日最最後後一瓣時
夜鶯遂聲聲不忍聞了！

不同於玫瑰而同於玫瑰的身世：
在自割的累累傷痛之上再割一次
割到夏日最最後後一寸時
夜鶯遂聲聲不忍聞了！

九十三年五月十日錄舊作

觀瀑圖

人未到巖下聲已先來耳邊
怎樣一軸激越而豁人心目的寓言啊
冷過，顛沛且粉碎過的有福了
路是走不完的
一如那泡沫，那老者想：
生滅、滅生，生滅
逝者如斯，不舍晝夜

將所有的蹤跡拋卻
來此八面都無目可窮的極峰
消魂得很真箇，很絕對
那老者，只見滅不見生的那老者
正以寂靜諦聽
諦聽那寂靜
那廣於長於三藏十二部的妙舌

恍惚間，身輕似葉的那老者
已自高處負手緩步而下
（身後照說該有個琴童什麼的
卻沒有；除了漸去漸遠的松風。）
小橋已過了一小半了
橋那邊有花，零零星星的
也不知為誰而開

再一轉眼，那跳珠瀉玉的白練
——那老者驚見：
似已由醍醐而還原為酥為酪為乳之香之味
且沒來由的記起某個
細雨簷花落的下午
斂眉深座的那人
脈脈的為他調牛乳的姿態

絕前十行 附跋

春天緣著地下莖的脈搏嬝嬝上升
一直升到和自己一樣
不能再高的高處
嫣然一笑
就停在那裏

沒有誰知道甚至春天自己也不知道
為什麼，如此癡癡
浪費她的美；
乃不知有搖落，更無論
美人的嬌眼與採摘

·六十八年除夕，夢至一廢園，荒煙蔓草中，見紫花一莖猶明，低回沈吟，得詩四節二十行，醒而僅憶其後半，每欲足成之，苦不就，悵悵而已。

作者簡介

周夢蝶，河南淅川人也。民國九年臘月二十九日生。省立安陽中學畢。曾爲小學教員，圖書管理員，守墓者及陸軍工兵下士等。著有詩集《還魂草》等若干卷。

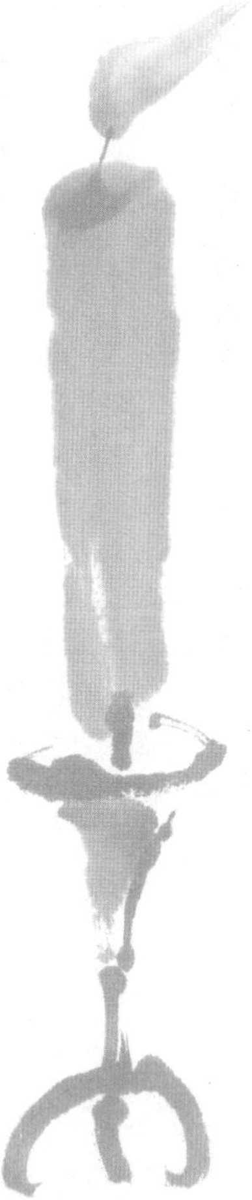

屠岸作品

王祿松繪

菜市路一角

屠岸

前門是鐵門，後門是木門；
木質般厚重，銅鐵般堅貞；
抬頭仰望著受難的聖者，
在前房祈禱，在後房誦經。

前門通後門，穿堂腳步輕；
連結著聰慧，貫串著虔誠。
記錄著心路歷程的日記冊
面對著少女含笑的眼睛。

從前門走進，倚後門坐定，
話兒說不完，心兒跳不停，
水一樣清冽，火一樣熾熱，
送走了黎明，受撫著黃昏。

爆炸的巨響震撼著全城；
你去了哪裏，美麗的驚魂？

漁郵四號

十七歲的花期是綠色的夢
髮浪在潔白的緞帶下波動
低著頭在靜靜地閱讀什麼？
一卷新詩稿正握在手中

十七歲的花期是紅色的夢
弟弟和妹妹帶著笑朗誦
二姐呵為什麼沉默不語？
臉上的紅暈隱在夜色中

十七歲的花期是紫色的夢
等一等，你若把謎語猜中
送你顆紅豆：你可曾看見
燈光下慈母欣慰的笑容？

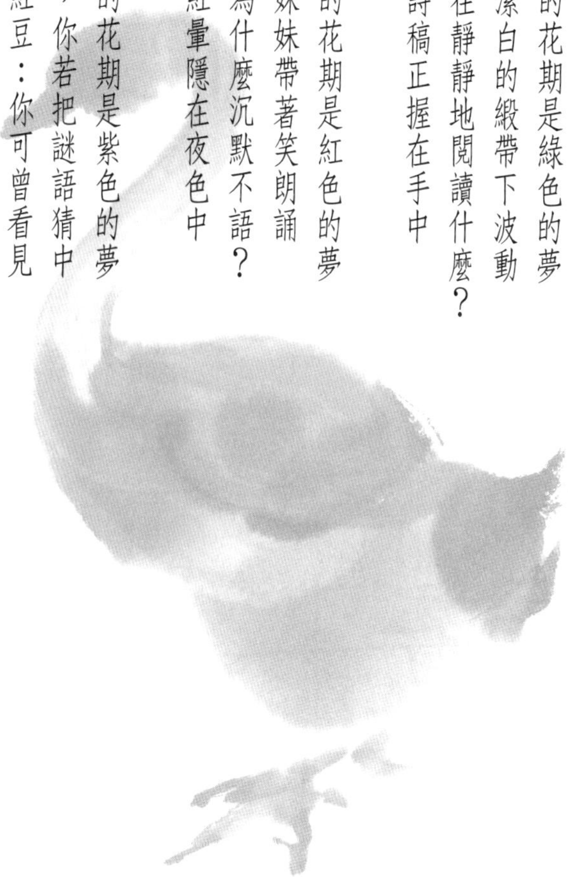

十七歲的花期是藍色的夢
永遠沉落在太平洋大波中

星眸

依稀，在籬畔
三十年前野草叢裏
流星，莞爾一笑
向秋風告別

如今，在燈前
又見到深情的眼睛
不覺有一滴
清瀅的淚光
從夜空墜落

作者簡介

屠岸，原名蔣壁厚。一九二三年生，江蘇常州人。早年就讀於上海交通大學。曾任北京人民文學出版社總編輯。現爲中國作家協會全委會名譽委員，中國詩歌學會副會長，香港《當代詩壇》漢英雙語詩學季刊主編。

著作有《萱蔭閣詩鈔》、《屠岸十四行詩》、《啞歌人的自白——屠岸詩選》、《深秋有如初春——屠岸詩選》等。譯著有《莎士比亞十四行詩集》、《濟慈詩選》等。

上官予作品

毛祿松繪

橋頌

上官予

鍥入泥土
穿鑿黑暗
昇華青空　藍
風雨雷電共舞

開小小的白花
結鮮紅的果肉
滋潤大地的塊壘
撫慰不平的丘陵

當你走過我身旁

你從江河中走過
從四季中走過
從醇酒般的冰雪中
從碧玉叢叢的嫩綠
你走過　從我的身旁走過

我不能描寫飄逸　你的形象
你從綿綿的細雨裡走過
從陰影裡的月色
從煙花琴臺的珠簾
從蕭瑟的風
從并刀如水的歌

你走過　從我炯炯的雙眸
你的線條比陽光還熱

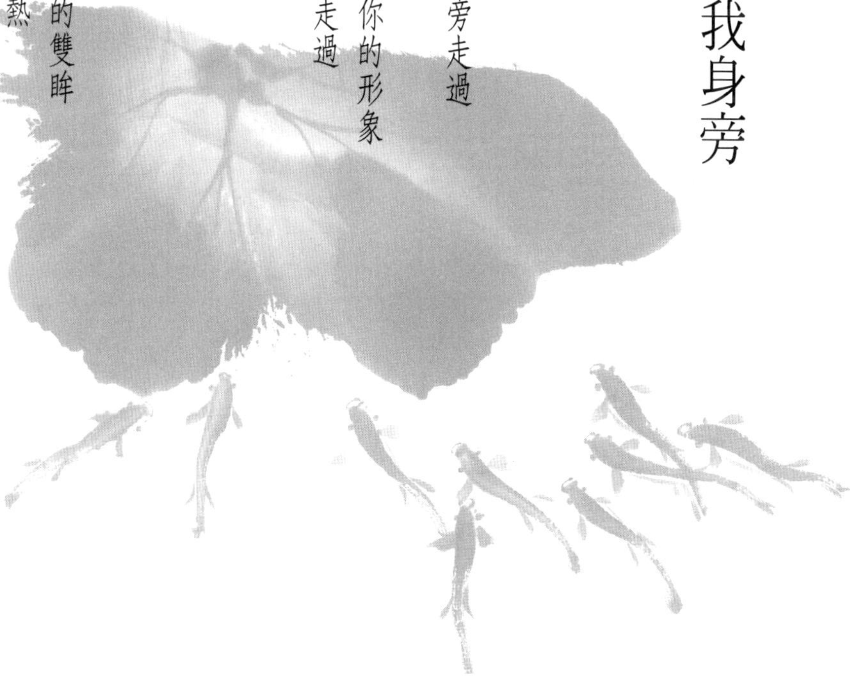

比夢裡的黑洞還深
金銀花燦在野原上
你從古典的綽約裡
從巴黎的香榭大道走過

走過多倫多那一抹斜陽
尼加拉瓜大瀑布前那灌頂的轟響
走過維也納森林
　曼哈頓廣場
走過大都會的殿堂
唐代的那疊樂府
走過黃金海岸那棵樹
當你走過夜半鐘聲悠揚

我不能把你留住
當你走過溫柔的江南
渴念中鬱勃的北方
當你走過　我身旁

作者簡介

上官予，本名王志健，一九二四年生。四十年至四十五年共獲六次中華文藝獎，後陸續獲中國文藝協會文學新詩獎、嘉新文化學術優良著作獎、英國國際傳記中心國際詩人名人獎、國際名作家傳記名人錄，並獲中山文藝獎和國際文藝獎。著作豐富，有詩集、劇集，和文學論著等。

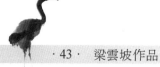

梁雲坡作品

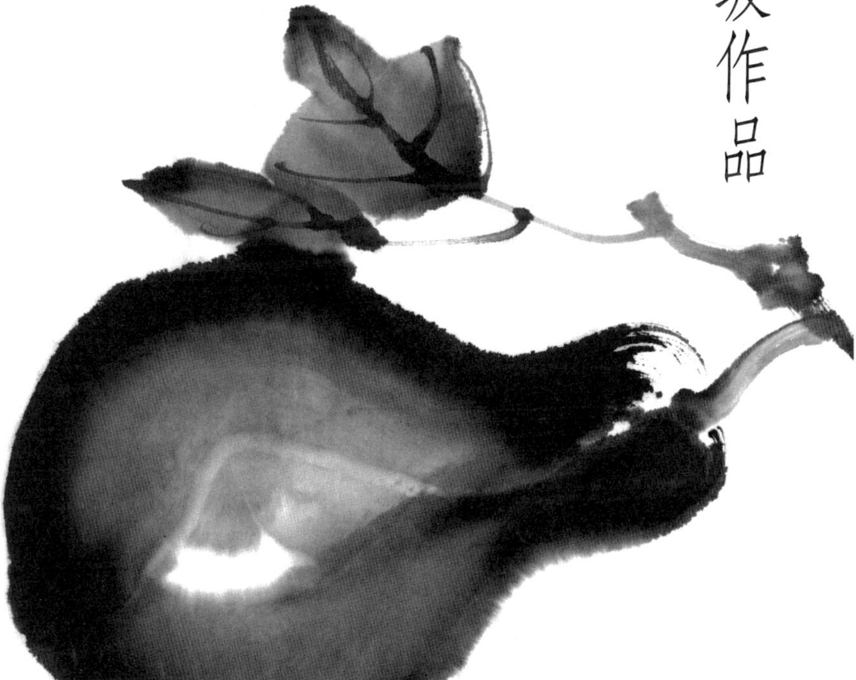

王祿松繪

月色　　梁雲坡

今夕
月色迷濛
与之相对久久
竟然忘我．湛然

一片雲翳在空
疏疏來往
徘徊不去
終於遮住月色．黯然

假寐中
復見天淨如洗
明月高掛
自覺是滄海一波
呈現瞬間瀲豔．瑩然

當那一點瑩然
被無邊黑海吞噬時
我醒了．久久
不能忘懷那瞬間微芒的深情　2006

樹頌

冬至，黃葉落盡
只剩下崚嶒骨骼
傲立風雪
向穹蒼伸展的枝枒
充滿陽剛之美

春來
迎接花、葉
讓她們依偎懷中
吸吮血液
他以她們的娟麗芬芳為榮！

年去歲來
歷經風風雨雨
電擊斫伐

他以無窮的再生力
恢復壯碩

雖然老邁
仍然伸展腳步
深入地肺
而且在主幹中刻上年輪
留下和時間之神
戰鬥的痕跡！

歷史觀

無數名人
浮出歷史橫剖面
喧囂跳躍
不可一世
不知多久
又相繼隱沒

他們的顯赫事跡
真的是在創造歷史
但——
歷史患失憶症
縱有史冊千疊
也無法挽留事跡消失
因為歷史看時間
一世紀也不過是一瞬！

於是
史冊記載以外的億萬人
可以懷疑自己是否存在過
也可以不必那麼自大
或是刻意戀戀生命……

作者簡介

梁雲坡（在正），河北高陽人，一九二六年出生於北京。一九四七年畢業於國立北平藝專。居北京十七年，得以師事畫家徐悲鴻、溥心畬、黃賓虹諸先生。一九四九年來台後，即擔任中國美術設計協會常務理事九年，爲該協會之創始人。曾擔任台灣省「台灣通史」藝術篇編纂。曾獲台灣畫學會金爵獎，美國加州世界文化藝術學院贈予名譽博士，現爲專業畫家、作家。

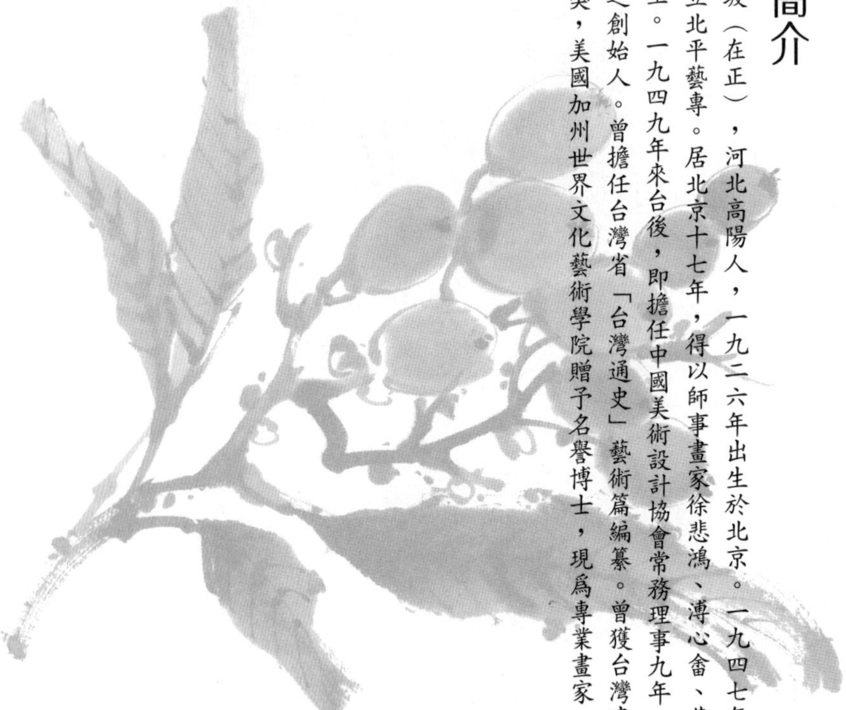

楊震夷作品

王祿松繪

詠石

楊震夷

大石頭　小石頭
那些大　那些小
大小皆為前世修
玄天造化傻　造化傻

小石頭　大石頭
那些歡　那些愁
縱不歡喜也不愁
本來無所求　無所求

（註：由無詞「双紅豆」改寫）

渡口石

願為一塊石頭
安居在當下的渡口
靜候嚮往彼岸的過客
平穩地登上寶舟

曾記得——
伴隨著驟雨混泥
那時代的土石流
輾過樹草　壓過蟲蜉
滾落再滾落　造業無數
不復憶——
凜然鎮山映瓊樓
遽然崩裂萬慮休
忘了情仇
無喜也無憂

願為一塊石頭
安居在當下的渡口
盼我佛以日月啓開石之心靈
盼我法以寒暑鍛鍊石之身週
盼舟子泊筏時——
　以篙槳清除石上的苔垢
更期盼著世人——
　踩著石體　上船　得渡
石堪用的歲月　為報四恩
一切都樂意承受
石塊一朝成灰　深慶解脫
大千世界任遨遊

作者簡介

楊震夷，譜名濟賢，一九二七年生於湘西，小時候受家庭薰陶，愛好詩文書畫及金石，求學時代，喜舞文弄墨，抗戰期間，全派上了用場，寫標語、刻木刻、畫墻畫……，以後在軍中、在社會不同職場，由於藝文而認識了許多師友，畢生受益。曾任國軍上校、中華電視台出版社總編輯、台灣新生報副總編輯、主任秘書、文建會委員等職。

劉建化作品

工祿松繪

門外

劉建化

一種被遺于荒漠中的孤獨
　嘲以灰色陰冷的訕笑
與及歲月鞭撻著
　我們沒有血跡的烙痕
復重裂著年輪間的距離

迴蕩而上
在時間的軸心
　一閃顫的靜止
一局限的動向
我依然以一株草的昂然
　一卵石的質硬
恒在門外　恒在
禁錮串串日子的虛無中
嚐食風露　嚐食硬度

小巷的故事

這條小巷很深很長
藏著很多瑣碎的往事
也沉潛著諸多童年的記憶
卻被塵世的累積給掩蓋了
太陽伸出手臂想把它扯出來
先從後院的南邊牆壁著手
讓風試圖翻開歷史的扉頁
那些往事都抖了出來　任由欣賞

陽光又扯走了小女孩的影子
任他走來走去　它追著不放
她哭濕了一條小巷的甬道
總是找不到自己回家的路
臉繃緊著　一張求援的告示
過往的人　踩不出丁點同情回首

之後　一群狗咬著他的影子而去
才使她靜下心來　找回自己的家

年輕女孩的誘惑

電視機女播音員的聲帶很香甜
自茶杯裡騰升的裊裊水霧中升起
逐動著滿屋子的氣氛　不斷地擴散
把房間的吊燈　也香甜得分外亮麗
照澈著花朵般的笑容　在薄紗遮掩下
顯得格外地艷美秀氣與紅暉的光澤
潤澤了視覺的感召　澎湃著激情
哦！她沒蓋床單　就這樣沉睡小憩

本來　年輕的女孩
就煥發著一股青春的氣息
一種綠滿年華的風韻與俏麗
確然會爆發出那說不出的強烈幽香

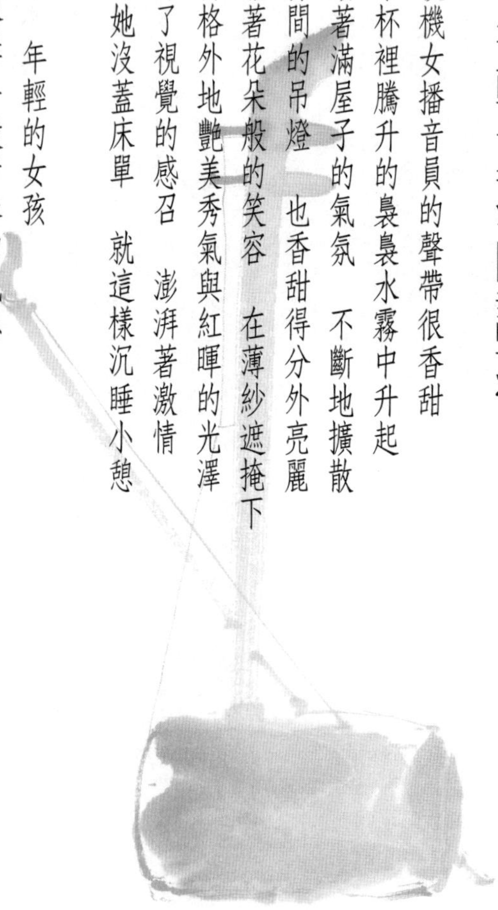

盈目俱帛璞玉裡透紅的白皙細膩膚色
猶如三月裡桃花朵瓣的瀲灩鮮豔
那雙玉腿從沙發上垂下來　更顯迷人
誘惑著透明的燈光　也沉醉睡去

後記：讀女詩人胡的清〈往事〉、〈臥房〉有感。

祇要

妳到底給它什麼
這一惑人的遐思謎底
　曖昧的雋永詩句
可把讀者迷醉了
令人淌著口水　唾液三尺
猶如醉在妳豐碩的情中
　純純的愛裡
啊！好一個蘇小妹的再世
我什麼都不要

祇要妳一顆赤誠的心
　不滅的愛
以及在妳高貴自尊的表面
放下那矜持與高傲的面具
就像李清照那樣
勿須多言　勿須解釋
祇在眼波才動中
傾訴彼此的情語

後記：讀女詩人張燁〈愛情海〉一詩後感。

玫瑰的欲望

妳曾在冰點裡沉思
又在慾火焚燒中旋舞
舞以自己充沛的青春魅力
旋舞那紅透的玫瑰朵瓣
誘惑著他攀登上一座懸崖
掀起了黑夜垂下的長裙

縱然夜雨猛烈地傾瀉而下
也無法澆熄這慾望的火燄

飲盡吧　一飲而盡
雨夜裡　飲盡這痛苦的一杯
　　　抑或是歡樂的一杯
啊！如同血液在體內激蕩
妳紅色玫瑰的花蕾確然地開了
恣意接納雨的蹂躪與傾瀉
更願意接受這瘋狂撞擊的享受
甚至痛痛快快地幸福死去

後記：讀女詩人張燁〈雨夜〉一詩後感。

作者簡介

劉建化，學名可煖，筆名丁尼，一九二七年十二月一日生，山東黃縣人。曾任中華民國新詩學會理事、中國詩歌藝術學會常務監事、英國劍橋國際名人傳記中心列入《世界名人錄》，及美國世界藝術文化學院榮譽文學博士學位。出版詩集《豐盈季》等三十六集，待出版的詩集有一三七多集。

王幻作品

王祿松繪

夢痕

王幻

釀一春酩酊
對酌吳門畫派的山色
游眸青青河畔
看白鳥揚帆
淩波而過

晾不乾的鄉愁
滴翠荷塘絲絲垂柳
每夜枕著夢飛逸彼岸
探問故園松竹
如今是否依舊？

一罈詩酒

古人以漢書下酒
我自莊周的寓言裡
偶拾一尾不再流淚的
涸轍之魚

經過一番
治大國的綢繆　烹飪
這尾小鮮　然後
舉杯對飲這新秋的月色

今夕相忘於江湖
勿須重提濠梁之樂
勿須討論老人與海的故事
任由酒香醉釀一罈詩句

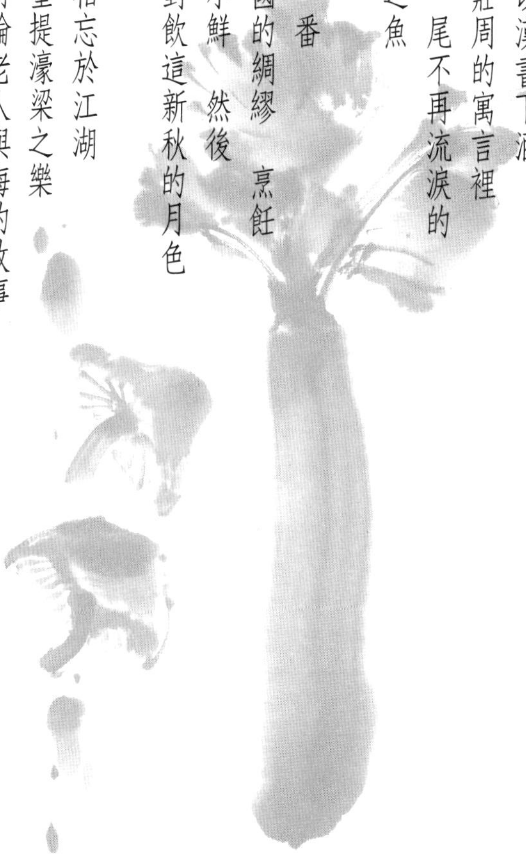

青春背影

今夏的大暑
氣溫升到攝氏三十九度
願景被烘乾了
僅僅剩下與青島啤酒的清涼
對話

呷一口青島啤酒
令我兀自想起十五、二十時
浸在青島海水浴場的那份
快意

一轉瞬半個多世紀
無聲無息地揚長而去
唯讓涼透心脾的青島啤酒
喚醒如醉如夢的青春

背影

作者簡介

王幻（本名王家文），山東蓬萊人。從事詩詞及新詩創作，垂五十餘年。現任世界論壇報《世界詩壇》主編。

文曉村作品

王祿松繪

變妝的康乃馨

文曉村

紅櫻在阿里山發情
杜鵑在陽明山笑開
那是三月的風
風中　流放的喧囂

五月是懷念
五月是祝福
它的名字叫康乃馨
它是人間的歌聲

而昨夜　我在夢中
看見一朵變妝的康乃馨
如彩虹　在東方的海上　冉冉
升起　為我的偉大的母親

二〇〇五、五月、母親節

紅樓夢十二金釵 七首

王熙鳳

人道是
丹唇未啓　笑聲先聞
機關算盡　聰明過人
卻終不免算掉了卿卿命

恰似一面浮世鏡
讓後世千萬讀者
都能從鏡子中
看到笑裡藏刀的面孔

薛寶釵

把愛情當作人生的競爭
花銀子買人心　也就罷了

怎能讓王熙鳳要手段
打造移花接木的金玉緣
真相揭穿時　便注定
寶二奶只是一個動聽的虛名
午夜獨守空閨　那種刺心的
痛苦　又能對誰訴

林黛玉

瀟湘館與怡紅院
玉來玉往令人羨
都説是木石前盟今世會
那知是雪芹故弄玄虛催人淚
但看那黛玉葬花焚詩稿
寶玉裝瘋賣傻入空門
冷冷清清的瀟湘院
玉簫聲聲隨風吹

史湘雲

在大觀園的群芳中
史姑娘獨具男兒風
只可惜曹雪芹惜墨如金
高鶚又揣摩不準
害湘雲徒有金麒麟
終未能成就金玉盟
徒然感歎　枕霞舊友如
柳絮　春風飛去無影蹤

妙　玉

檻內人與檻外人
坐在棋盤前對奕
真的是棋逢對手的良友
偶爾　眼波流動
一旁看棋的花草
也不免心旌搖啊搖

奈何造化弄人
玉潔白璧竟蒙塵

秦可卿

莫非曹雪芹是一個渾人
明明說寶玉夢遊的是
太虛景 卻怎麼
忽然出現了一個秦可卿
還教寶二叔初試兒女情
這端的 到底
是誰亂了誰的倫
費疑猜 弄不清

襲人

縱然 在怡紅院中
與寶玉有過一段
似懂非懂的雲雨情
在寶二爺的身邊

也是日夕貼身的密友
奈何丫頭終歸是丫頭
且揮淚辭別怡紅院
任離愁　如水流

作者簡介

文曉村，河南偃師人，一九二八年生。台灣師大國文系畢業。《葡萄園》詩刊創辦人之一及首任主編。曾任《葡萄園》名譽社長及中國詩歌藝術學會名譽理事長。畢生提倡明朗、健康、中國詩風。著有詩集、詩評、自傳等十多種。

汪洋萍作品

王祿松繪

名和利

名和利
攜手遊說人間
面露笑容口吐芬芳
有人為之陶醉
有人沉於幻想
有人陷入痴迷而瘋狂
使人類世界變成
今天這種模樣

是與非

是與非
同時現身民主世界
各自表述理想
開出定期支票
爭取選民支持

是的形象
老成持重真話實說
不誇張不掩飾
啓發危機意識
提示遠景藍圖
爭取支持共同奮鬥
為子孫找出路
為人類謀幸福

非的形象
瀟灑飄逸口若懸河
隨口開支票掩飾太平
爭功諉過誇己責人
獻苦肉計解危脫困
找藉口興師問罪
擁有最多核武反核武
全球恐怖首腦主導反恐

人類世界是非已顛倒
黑的在漂白
白的已染黑
是非黑白分不清
人類的生機在消失
人類的希望在沉淪
尚存生機一線
存乎人心一念

作者簡介

汪洋萍，民國十七（一九二八）年出生於安徽省岳西縣。少年參與過對日抗戰及國共內戰宣傳工作，曾從事農、工、商業，也歷任軍、公、教職。現爲中國文藝協會、中華民國新詩學會、中國詩歌藝術學會、中國作家協會、青溪新文藝學會會員，秋水詩刊同仁，三月詩會成員，世界詩壇伙伴。曾隨文藝團體去中國大陸、蒙古國、北韓文化交流活動多次。以〈今年又豐收〉長詩獲教育部建國七十年徵文新詩創作獎，著有詩文集十一種。

向明作品

王祿松繪

快意

向明

深信
左右會共治
上下成一體
親像一個人

深信
毛毛虫再多的脚
也丈量不完幾寸大地
修身够久的蝴蝶
一展翅
便刷亮所有渴美的眼睛

寒露

流浪者的唇從此歌出蕭瑟
熱烈的蟬唱開始停翅噤聲
所有的裸裎都須披上薄薄的襤褸
沒有淒涼好像顯不出靈魂的晶瑩

我們的憂鬱症怕又要復發了
如果坦露的胸懷重陷高冷
如果從此再難得跟陽光親熱
如果要來的是一波波蝕骨寒風

◆二十四節氣的寒露，時在農曆九月初三戌時啓始，自此夜露寒意沁心。

霜降

水在瓶中困住回想一生的狂放

翻手為雲覆手為雨之後的之後
不得不暫時調味成可口的甘霖
好為一條乾渴的喉嚨灌進清涼

許是變臉太多、變裝太快、變性
又太難看，偽裝成顆顆透明珠粒
也被早秋的嚴寒碾成慘白的齏粉
一夜之間覆蓋了哈欠連天的東方

◆霜降即農俗露結成霜之意，農曆九月中（十八日）亥時交霜降。

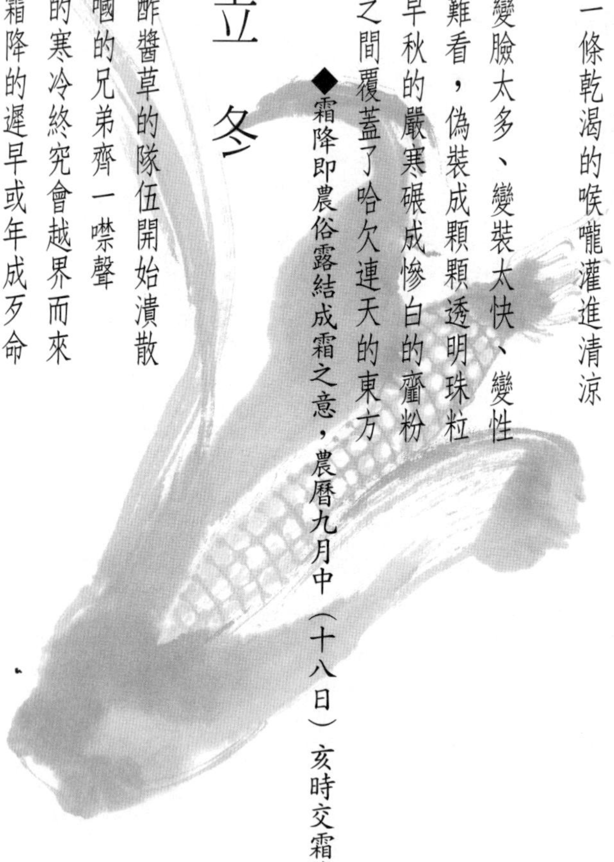

立冬

聽說酢醬草的隊伍開始潰散
叫蟈蟈的兄弟齊一噤聲
要來的寒冷終究會越界而來
只看霜降的遲早或年成歹命

開始整裝，開始打點糧食

媽媽說早晚很涼出門帶件夾衣
只有詩仍是不信邪的長綠植物
誰立誰倒全不屑於關注

◆立冬即冬季開始之意，農曆十月初三亥時交立冬，再過半月天將逐漸降雪。

作者簡介

向明，湖南長沙人，一九二八年生，藍星詩社資深同仁；曾任藍星詩刊主編、中華日報副刊編輯、台灣詩學季刊社社長、年度詩選主編、新詩學會理事、國際華文詩人筆會主席團委員；出版詩集九冊、詩話集及詩隨筆五本、譯詩集一本、散文集三本、童話集兩本；曾獲文協文藝獎章、中山文藝獎、國家文藝獎；世界藝術與文化學院授予榮譽文學博士學位。

羅門作品

王祿松繪

用傷口獨飲　　羅門

—給 U.SAM

餐桌上那杯紅茶與三明治
這簡单的結構與組合
別人看來只是简便的早餐
在他流放異鄉憂忱的眼神中
三明治竟是彈片夾肉
紅茶仍淌着血
他的臉與整張桌面
忽然望成逃亡的荒地
歲月一直定居不下來
將苦憶調在茶裡
他用傷口獨飲
望着空茫的窗外
只有IOWA的落葉聽見
他的嘆息

〔註〕U.SAM是同我1993年參加IOWA大學國際作家工作室(IWP)的CAMBODIA籍逃亡詩人；也是悲鳴在地球上來自戰爭苦難中的一個聲音．無意中翻到同他在IOWA進早餐的照片，有感寫成這首短詩．

(I)航行中的視覺拼圖

站在水平線上
　張開日月的雙目
　　看海

海鳥飛起海天的雙翅
　除了自由
　　都免了

遊輪幻化成浮雲
　飄著夢去

商船　航向象牙金色海岸
　波　動來乳房
　浪　閃著銀光

軍艦　駛入黑海
　死來
　活去

一轉眼
海不見了
海也只是一隻離岸遠去的船
　空運著世界

(II)鳥·蝙蝠·雞都在飛

那些人終日想
將樓梯與整座大樓
　都拿到手
忽然發覺頭被屋頂壓住
　人仍在四面牆裡
每經過菜市
看到能飛的都在籠裡
　等著刀切去翅膀
難怪一大群飛不出去的蝙蝠

急著要切斷樓梯與屋頂的連線
將四面牆錯看成
門 窗 與 天 空
即使飛出去
也不是鳥
而鳥　它的雙翅
是天空的兩扇門
一張開　飛出去的是停不下的
遠方

附註：存在的宿命性與制約性，緣自生命不同的結構形態，因而也使我們難免聯想到，沒有才華從事藝術，確有如大肥子跑百米，矮子打排球。

作者簡介

羅門，曾任藍星詩社社長，國家文藝獎評審委員、世界華文詩人協會會長，曾獲教育部「詩教獎」、中國時報推薦詩獎、中山文藝獎、菲總統金牌、菲總統大綬勳章。著作有詩集十七種，論文集七種，羅門創作大系書十種。

蓉子作品

王祿松繪

伸入沙漠黃昏的路

谷子

當黑蝙蝠的夜慢慢飛臨
首先必須渡過這黃昏的海洋
沙漠是昏黃面容的海

而黃昏令沙漠的幅員愈形擴大
廣漠浪漫得令人難以抓住方向
古典圓月的小小燈籠只是象徵的光
難以燭照我們前行的腳步……

看，沙漠上是誰畫了一條直線（註）
茫茫中使沙漠有了歸依
我們的陌生之旅也才有了目標和方向
當我們的車在瀚海中捲浪前行
向那時間的深處去探詢古埃及的神秘

（註）：指沙漠公路

時間

恒變才是那不變　如今已波濤萬頃
它激濺奔騰非自今日始
——從我出生時便如此　奈何
直到昨天　我才怵目驚心

年幼時　不懂時間為何物
不悉其顏色　未知其價值
當一卷人生的卷軸緩緩展開時
我的年光也隨著它刻刻短少了

人會長大　花會枯萎
在艱苦成長中的感覺很長
一旦歡悅綻放的時刻卻很短
啊，在變幻的天空那次第消逝的雲朵

曾經一切都在眼前　伸手可及
故鄉和童年並馳在綠蔭的夢裏
時間如潮水洶湧
奪去我親情和不解事的年少

日腳從粗糲中走過
一葉飄離故土　半生動盪憂愁
縱然誠心地呼喚　有一些甚麼
再也喚不回了！

就這樣晨昏日夕　勞苦煩憂
吶喊是一聲鑼　沉鬱是一聲鼓
我祖國的長江大河啊　入耳
一聲聲都是苦難的歎息和哀訴

年代轟然逝去　那一把星光
將才與相才　屬於本世紀初的
世界級巨星　已一顆顆順序

隕落……

只有他一人　依然

健碩　從不疲倦和失望

也從不稍緩他的腳程　在和人類

億萬米的長跑賽中　永遠金牌在握

作者簡介

蓉子，本名王蓉芷。江蘇人。著作有詩集十七種。曾擔任中國婦女寫作協會值年常務理事，青年寫作協會常務理事兼詩研究委員會主任委員、亞洲華文女作家文藝大會主席。曾獲國家文藝獎、中國青年寫作協會首屆金鑰文學成就獎、詩教獎、國際婦女年國際婦女桂冠獎。作品入選英、法、德、日、韓等外文版詩選集以及中文版詩選集一百多種。

潘皓作品

王祿松繪

橋

潘皓

秋之午後，歷史自西山
飛濺的森林中，把山風踏向
東方，且以指作筆
在雲端劃弧，勾勒一座橋
一座彩繪著繽紛懸於藍空的橋
導引滾滾長江東逝水
從歷史的煙波裡，激沸騰的
掌聲起起落落……、

淡水觀海記

❶

觀海，可以掘鑿神祕的想像
到淡水喫下午茶，能泡製淅瀝濤聲
放眼海角那將被淹沒的
殭冷小島，從夕陽醉得如爛泥的餘溫裡
驀然找回了記憶，泅泳於——
翻騰的浪波中在打撈流金歲月

就這樣，茶與浪花交互激蕩
演繹為海峽飄忽的煙雲
為探索夢中樂土，乃隨著風的速度，靜的恒動
以及觀音山重疊的倒影而
逐層逐層擴大，直向天之涯那
漫無邊際的未知奔流

❷

紅毛城是觀海最佳的凌虛之境
鳥瞰時卻不禁揮出浪漫主義的毫芒
針對滿懷無解的心事
模擬成兩組愛恨情仇與恐怖平衡的實體
在各自迷失於霧塞之際
看誰能藉由午後的微風脫困

現在，雲把它閃爍的霞彩
潑灑在海芋的蕊芒間
好讓群集的沙鷗爭相追逐，散播出朵朵飛花
自一則寓言的水晶球上
審慎去解讀、選擇，或認定
後現代思潮的走向

❸

當夜景瞬間自漁人碼頭浮現
連串若螢火族的幽靈，則悄悄地

沿著水湄飄向紅樹林蔭
但伴隨而來的陣陣飛鼠，在淡淡的月暈下
環繞著關渡大橋，用翅膀
傳遞一些模糊而又冷漠的訊息

之後，海上驚濤突爆出
一聲震撼似的電鳴
誰知就在這時，左岸十三行往昔的的燈火，忽又在
八里的丘陵地帶再度燃亮
且以黑白的二分法而同步完成
淡江之上的浩瀚星空

相約望江樓
——竟成了一個飄搖的故事

匆匆跨越半世紀
可我的凝眸
卻依然停滯在那扇朝向

北北西的窗口

當除蚌會戰的砲火
斬斷了關山路
在雪夜我仍以熾熱的
情懷守候望江樓

就這樣從煙波千里
揮別暴風雨
那一瞬間，一個何等的殘酷
割裂之創痛啊

如今，依然在
我心海中隱隱地顫動著
依然在落日
燒焦的雲嶺飄搖

作者簡介

潘皓，一九二九年生，安徽省鳳陽縣人，國立台灣師範大學教育學士、碩士，美國世界藝術文化學院榮譽文學博士。從事教學及社會工作之研究近四十年，曾任南亞技術學院、中國文化大學、東吳大學講師，副教授及教授等職。現任朝陽科技大學教授，中國社會工作協會副理事長、中國詩歌藝術學會常務理事。著有：《哲思底視界》、《均富社會與經濟發展》、《民生主義經濟體制》、《中國社會安全制度之規劃與實施》、《中國社會福利思想與制度》等學術論著，及相關論文五十餘篇，頗受海峽兩岸學術界之推崇。

在文藝創作方面，曾著有散文集《流水十年間》、《天涯共此時》。詩集有《微沁著汗的太陽》、《在茗集》、《夢泊斜陽外》、《雲飛處》、《雪泥煙波》，尚有《哲思風月》、《孤鳥》等集，亦將陸續出版。

金筑作品

王祿松繪

春的眸子

金筑

妳的眸子
總是春春的
水靈靈 濺起波影
透視我
　藍藍的心中
　紅紅的霞霞
游入美屏的口岸
　心心重重 戀戀千千
小小聲印
　星星熠熠 浪浪涓涓
泛起的波光
　水水汪汪 脈脈閃閃
忍不禁 翩翩飄逸
　划入妳嫣然的開來

樹的哲思

巍巍然
佇立大地
伸展秀柯
向上　向上
向白雲　藍天　蒼茫
向渺渺的寰宇
意志拔升昊元　霄漢
睥睨所有的醜類
哈腰　彎背
逐鹿塵埃中的低微

而　根植於塵泥的
傳輸地心的熾熱
導入蒼冥　太虛

沒有邊際　沒有止境
揮舉千枝
閃爍青葉的複眼
拓展心靈的枝椏
陣陣騰升　永遠向上

觸撫　天體的循環
觀　幽浮過往的奇幻
聽　星子與星子切切低語

繼而
拆卸思想的柵欄
臨接超越的極象
躐等存在的領域
心之所向
羅致入另一秩序
日無所及　耳無能達　手不可觸
是那無窮的青冥

跨越無極　太極
藐曼曼　實不可量
唯心與靈深入感應
絕對嶄新的異象

於此
日日　夜夜
引導入殊異的藐遠
探索　思維檔案未有的奧祕

擊　掌

那是一個
繁花春暖的夜
一場交會　一次有意圖的
擊掌
兩極碰電　火花閃亮
碰擦的磁力　傳輸體溫

經歷　人生的夢　幻與現實
試誘之下　竟然破滅
打開手掌
尋找生命的交會點
紋路叢叢　疊疊　障障　錯綜跌落
在指隙間斷裂
斷裂處　是生命的轉折
放開手　各自分道不同的路口

飛逝許多個春秋
仍然冥想出妳手掌中的條條溝紋
和當初擊掌碰起的笑聲

那天
在街的轉角處
捕捉到妳的倩笑
看看

掌隙斷裂處　未能補合
怏怏　忡忡　難以恝置
而靈犀的頻道　波光閃爍
頻頻催逼　圈圈圓圓的溝通
試圖互以手掌密合
斷裂的線紋
竟然輕吻緊密
無紋的銜接　是頻率的密接
透過時空的另一動向　我們
又在另一路口　交會
擊掌　掌紋頻頻掉落

作者簡介

金筑，本名謝炯，貴陽市人，國立台灣師範大學畢業，曾任軍職、教職多年。

五〇年代開始寫詩，早年加盟詩人紀弦所組成的「現代派」，曾任《黔靈報導》執行編輯，中華民國新詩學會理事。現任《葡萄園》詩刊社長，中國詩歌藝術學會、世界華人詩人協會理事，《貴州文獻》主筆，篤信基督，擅長新詩朗誦，舊詩吟唱及聲樂。尤對新詩朗誦有突破性創見及表現，曾到台灣和大陸各地朗誦。所到之處皆風靡，獲致嘉譽。

著有詩集《金筑詩抄》、《飛絮風華》、《金筑短詩選》等。曾獲中國文藝獎章及詩運獎等。

秦嶽作品

王祿松繪

妻的畫像

秦嶽

妻的手　是初春暖暖的陽光
拂平了我臉上的歲月
歲月曾經是迎風迎雨的墓碣
刻滿斑駁的數之不盡的昨日
昨日坎坷　昨日泥濘　昨日無依
昨日是埋葬了的蹄聲　再也踢踏不出痛楚的回音
欲說還休的
是妻那雙會出汗的眼睛
而總是噙着脈脈的山色反山色之外的風景
翻過來轉過去　都是晶瑩的果實
若說是春　那是繽紛的　翠綠的
若說是秋　那是豐盈的　金黃的

在南迴鐵路車廂中的冥想

一風
一景
風是曚曨過去
景是光明未來

一哭
一笑
哭是痛苦宣洩
笑是幸福禮讚

一明
一暗

明是陽光燦爛
暗是混沌未開
一山
一海
山是眼前翠綠
海是身側湛藍
一夢
一醒
夢是理想閃現
醒是現實人間
一生
一死

生是萬物開端
死是生命終站

想起金華

·金華第九屆國際詩人筆會擷粹

1

想起金華　火腿的美味誘惑我
我墜入一個色香味的新境界
口腹的需求　更為充實而豐盈

2

想起金華　艾青的詩文牽引我
我跨入一個真善美的新世界
心靈的田園　更為寧靜而溫馨

3

想起金華　八咏樓的韻事沐浴我
我闖入一位女詞人的史冊中
生命的溪流　更為豐沛而亮麗

4

想起金華　雙龍洞的勝景美化我
我走進一個幽靜且神祕的坑道
探索的眼神　更為貪婪而無厭

5

想起金華　先賢的事跡點化我
我邁入一個思想繁富的時光隧道
愚昧的頭腦　更為清醒而明澈

6

想起金華　群聚的詩人啓示我

我進入一個表達多元的詩藝天地
狹隘的詩路　更為遼闊而寬廣

作者簡介

秦嶽，本名秦貴修，河南修武人。曾以秦嶽、秦童筆名發表作品。創作以新詩、散文爲主，論著爲副。國立台灣師範大學國文系畢業。先後任教師、組長及主任。曾做過《詩播種》、《海鷗》、《噴泉》、《大地》、及《明道文藝》等詩刊雜誌編輯工作。曾榮獲多種藝文獎項。

現任文學街出版社總編輯、海鷗詩社社長、及《中華美術》總編輯。著有新詩、散文及論著等書。

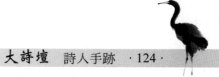

麥穗作品

王祿松繪

雨中萊茵

麥穗

萊茵河如一條
蜿蜒在霧中的巨蟒
享受著春雨柔柔地
撫慰

雨朦朧了古堡
古堡神秘了山
山美了萊茵
在人來船往中
構成一幅流動著的
畫

夏日溪頭

一片翠綠的孟宗竹
鋪陳出山的秀麗
一嶺壯碩的杉木
擎著山的雄偉
朝陽洒以金
晨露綴上珠
午後的濃濃山霧
塗抹成一幅濛濛的潑墨
然後是一場豪雨
洗滌出溪頭原有氣質

山澗

從前　我愛聽你在岩石間歌唱
跟著你輕快的步伐

一步一個跳躍

現在
我還是喜歡你的歌聲
隨著你在淺灘旁
湲湲地流淌

渡船

渡船
是岸與岸之間的牽引
穿梭於晨霧、夕照裡
在湍急的河流上
搭一座無形的橋
迎往送來
編織一片
忙碌而繁榮的景象

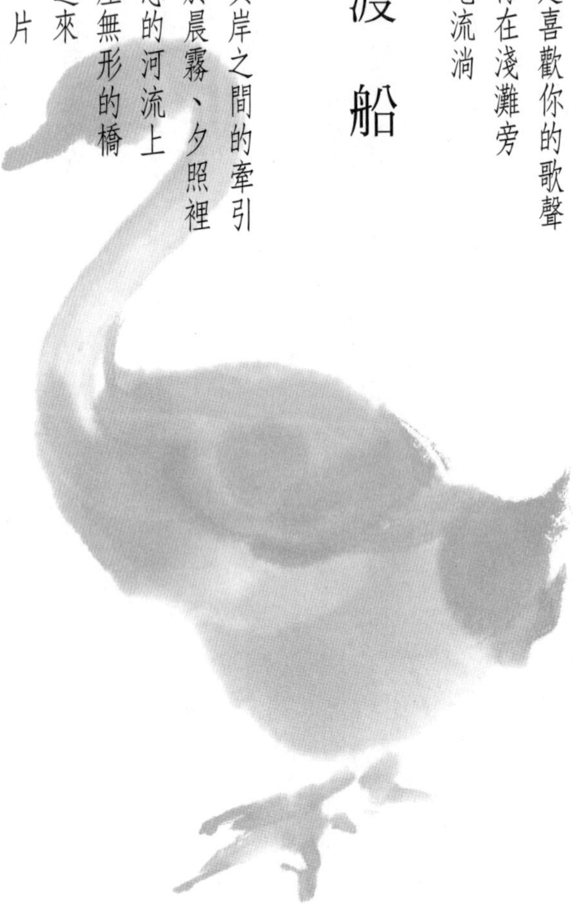

菜圃之晨

昨天撒下的一撮菜籽
經一夜露水的滋潤
紛紛萌發嫩綠的新芽
在菜園的一角
像一窩張著二片小嘴
甫破殼而出的雛鳥
在朝陽
母親羽翼般溫暖地呵護下
迎向成長

作者簡介

麥穗，本名楊華康，浙江餘姚人，一九三〇年出生。從事森林工作三十年，寫詩五十年。現任新詩學會，詩歌藝術學會常務理事。曾獲頒中興文藝獎章、文協文藝獎章、詩運獎等。著有詩集《鄉旅散曲》、《森林》、《孤峰》、《麥穗詩選》（北京版）、《荷池向晚》、《麥穗短詩選》（中英對照）、《追夢》、散文集《滿山芬芳》、《十里洋場大世界》。詩論集《詩空的雲煙》等。

張朗作品

王祿松繪

老饕

——側寫國土分裂者

他們的手在磨刀
他們的心在想着炸雞塊
他們的嘴巴在流口水
他們的眼睛死盯着
經過極大的痛苦才從秋海棠葉子
蛻化成的一隻雄雞

他正為炎黃子孫的偉大明天
啼喚黎明

悲劇

「我愛妳」
他説過就忘記
妳銘刻在心底

打火機

生命為點火而存在
一生懷抱著點燃火炬的大夢
給菸客點菸

我

如果倉頡沒造這個字
五千年中華歷史

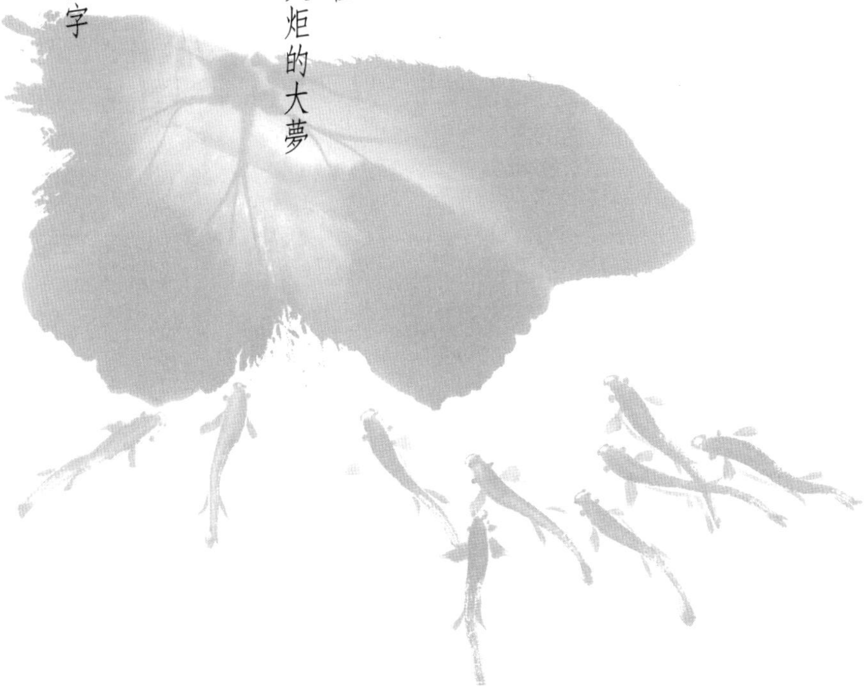

也許一上午就能讀完

戲院門前思

根本不打算進去
對你、對我而言
門禁毫無意義
管他裡面上演甚麼戲

想進去，甚至渴望進去
就必須弄到一張票
不惜代價、不擇手段
甚至，卑躬屈節拋廉棄恥

然後、驗票入場
然後、被帶到指定的座位
然後、安安靜靜的坐著
看別人在臺上表演

然後、隨著眾人鼓掌、叫好
毋論上演的是甚麼戲

雲 雀

雲雀在雲間，把雪萊的名字
唱得悅耳、響亮
幽谷中的我，急著要
給自己的詩安裝翅膀

作者簡介

張朗，本名張領義。原籍湖北省孝感市。一九三〇年生，定居台灣淡水。詩齡五十餘年，曾出版詩集七本。

魯松作品

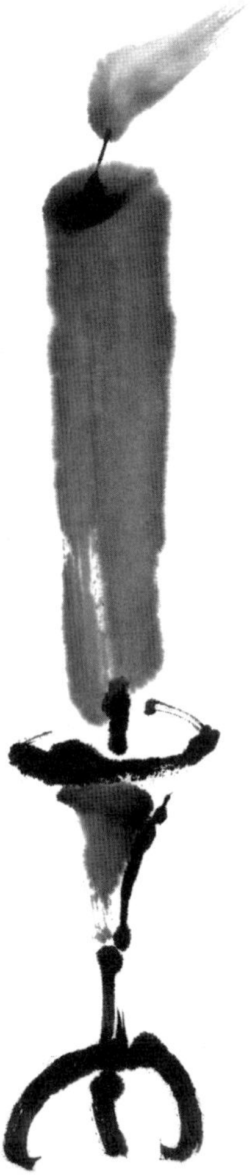

王祿松繪

拔河

魯松

河，是一條鴻溝
不管它水深，或水淺
兩岸的人都想據為己有
於是，便發生了混亂與戰爭

真正上場廝殺的不是硬漢
躲在人背後搖旗吶喊者
才是風雲人物
主宰著戰場的靈魂

人潮如流水，決諸東方則東流
決諸西方則西流
待觀塵煙落
畢竟誰是贏家？

雨節的省思

又是一年柳搖青
春風不爽約
爽約的是未歸的乳燕
據說那夜娘在夢中大喊
驚醒了一家人的酣睡

娘說：怕再難見到我最後一面
怎麼只提著半桶泥漿
躲在西廂的廊簷下
未講一句話
篤定是在饑寒交迫中

或許那夜我也正在夢遊
行進到岔路口，迷失了方向
像斷了線的紙鳶

越飛越遠
竟而跌落在誰家的墳頭上

抓住一把異鄉土，任時光流轉
每見到風箏，就想起陌上的柳樹
想到鞦韆，以及鞦韆架下的人潮
男男、女女的，返鄉祭祖
我，則是被墳墓遺棄的孤兒！

註：雨節即是清明節，因此時多雨，故鄉人多稱其謂「雨節」。

流浪鳥

滂沱的大雨，驟然而至
立刻濕透我的衣衫
梅雨季，標準的氣象形態
讓我變成了一隻落難的山雞

躲到路旁的樹下
另一隻鳥也飛落到我的肩上
抖落身上水珠
平穩而自在

雨朦朧，鳥朦朧
乃驚喜這不期然的幸會
珍惜伊的生命
勝於珍惜自己的困窘

等待雨過天青
陽光照在泥濘的路上
回頭竟見我的朋友
跌落在地上，斷絕了呼吸

作者簡介

魯松，本名孫宗良，山東即墨縣人。一九三〇年出生，國防醫學院畢業，歷任軍職三十餘年。退伍後曾任社區診所主任十二年，現已退休。現爲世界華文詩人協會理事，中華民國詩新學會會員，中國詩歌藝術學會會員，葡萄園詩社副社長。著有詩集《蒼頭與煙斗》、《鑼聲三響》、《霧鎖陽關》、《魯松短詩選》（中英對照）等。

汨羅作品

王祿松繪

再譜橋燈吟

黃雍廉

每次回到台北
從你的笑靨中
我便憶起
那
人醉黃昏

桥燈吟
你住桥西七重天
我們聚在桥東向陽閣
微恙灵思巧
淡妝想洛神
七重天外傳雋句
向陽畫室暢詩情
昔日桥燈仍依舊
人散天涯
两依依

二〇〇四·五月十五
于雪梨靜園

熔筆爲劍的民族詩人

——送老友祿松詩兄回歸天府

成詩三十卷
浩氣貫長虹
平生肝膽
唯盼
神州成一統

書生報國
寶島春秋
筆陣宏開復國志
揚民族正氣
鼓大漢雄風
以實踐中華詩學道統為己任

在那狂飆的年代

你是
詩壇聞雞起舞的勇者
　熔筆為劍
　忘我忘機
　為國難紓憂
為民族復興歌咏
你曾贏得
鐵血詩人的美譽

　萬言詩
亦如民族血液的長流
滋潤著古中華文明的花季

屈壯懷於斗室芒丘
筆耕為志
休卜前程
　赤子懷赤心
　祖國是你心中的最愛

屈子
招魂　呵壁
面對的是落日殘陽
你的
　薪膽詩抄
　七月的雄飛
如東昇的旭日
以光和熱
溫暖著苦難的
中華兒女的心靈

　作為一位時代的詩人
　蒼松傲絕嶺
　風雪綻梅花
你已盡了自己的天職
你的名字
會刻在千年百載的

時代齒輪上

作者簡介

汨羅，本名黃雍廉。民國二十一年生於湖南湘陰縣。寫作涵括詩歌、劇本、小說及雜文，展現出多方面的才華。其著作豐富，並獲許多獎項，任澳洲華文學會理事長。

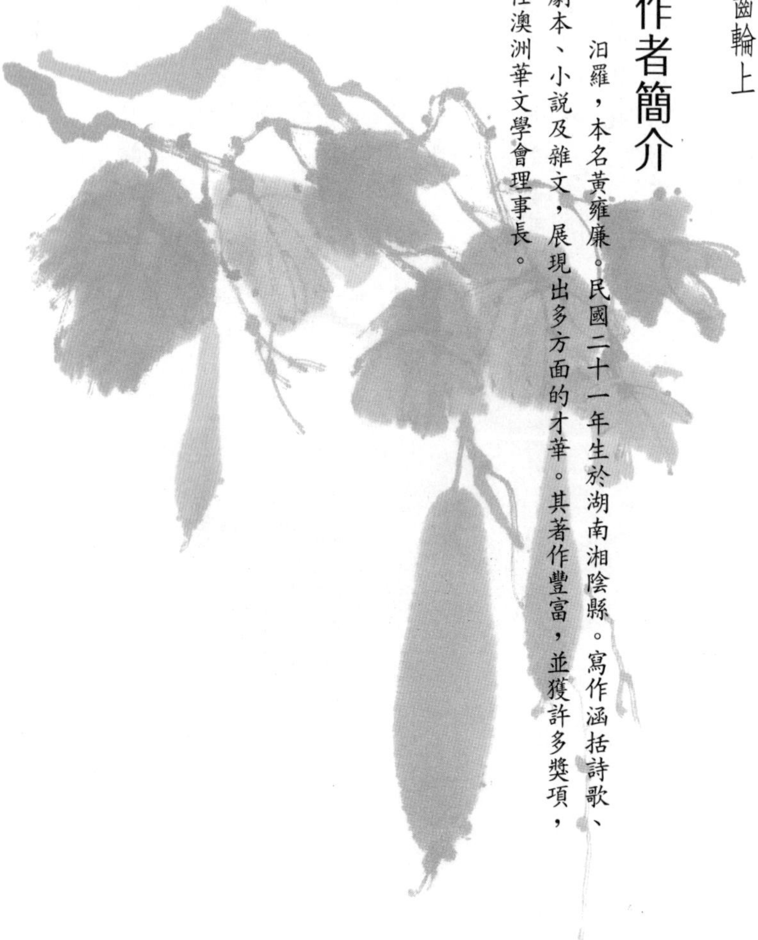

木斧作品

王祿松繪

有阳光的日子
——读吴涛画

之方

一片玉洁丹心，一片风情
出現在一片霞光的世界
花丛中的含羞草来了
要和梦中的玉兰百和同游
阳光织出来的万缕千丝的线条
挑起了变化起伏的色彩
撒出那散文般的思索
一心要去寻找花瓣砌成的流云
云散了，画的语言如痴如醉：
有阳光的日子，真好！
说完化为满眼春风
娓娓地向圣洁的远方飘去

2004.3.写於成都祥和里沐虚斋

生活

一根針
一桶水
你能拿起針
卻拿不起水
你能看見水
卻看不見針

遲到

青色的橄欖
嚼到最後
才嚐出一點甜味

年輕時顧不上談情說愛
老了
才想起寫愛情詩

天邊

天邊
隱隱豎起五線譜
一隻雁站在線上
我放飛了我的思念

雁兒來了
飛到了我的眼前
纖纖的斜斜的字體
載著我飛向遙遠

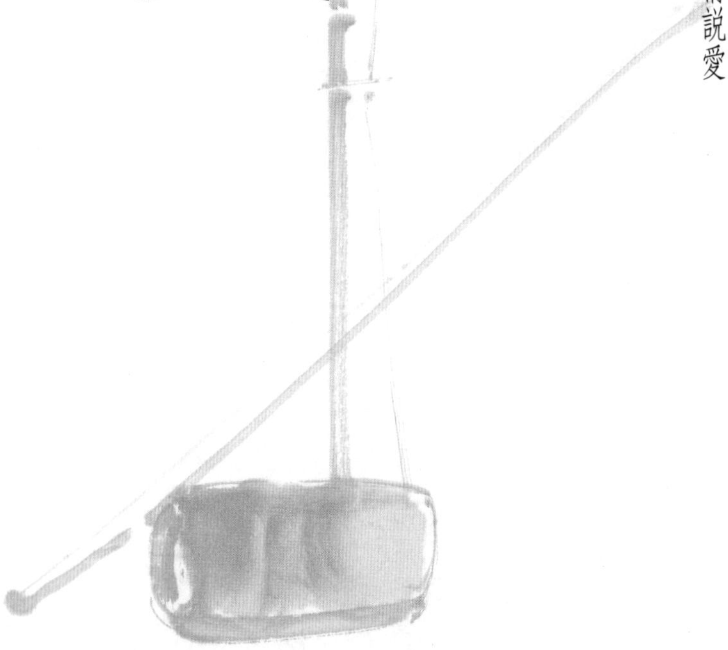

風

一隻小鳥，飛入
一座敞開心扉的小屋
一間小屋，在
一座山谷的口中
我沿著小鳥的軌跡
衝入小屋
小屋在哪裡呢？
小屋在哪裡呢？

惦記

惦記是一首

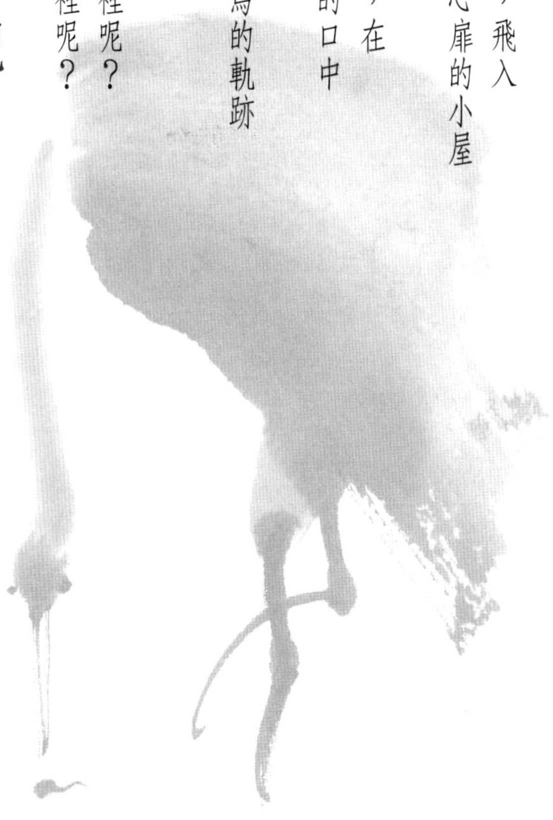

顫動的詩
從你那一頭
牽動了
我的心扉

惦記是一縷
長長的思念
縱然千斤重擔壓下來
也壓不斷
這綿綿的線

作者簡介

木斧，一九三一年出生於成都，一九四六年開始發表作品，一直延續到今天仍然創作旺盛。著有詩集、小說集、評論集、畫集二十種，其作品先後收入《中國新文學大系》、《中國四十年代詩選》、《中國現代經典詩庫》等一百八十多種選本，代表作〈沉默〉、〈春蛾〉、〈過三峽〉廣泛被海內外許多報刊引用、轉載和評論。

王祿松作品

王祿松繪

浴曙尋幽上翠微輕煙碧樹透
晴暉驚心昨夜風雷劇愜意侵
晨草木霏攜夢採香隨蛺蝶
含情拾翠惜芳菲行歌自得清
遊意杖掛朝陽帶笑歸

王祿松作浴曙詩并書

狂飆的年代

一、

蘸鮮血以寫詩，舉長槍以當筆，
千卷大地為稿紙，煌煌日月為標題，
如山忠骨，成江血雨，大塊文章！
要寫到天堂的鴿隻盡數地飛，
要寫到地獄的煉火恆久地熄，
要寫到人性的禿枝上有忠孝節義的花朵永遠地開！

二、

我心靈的海洋為青史的晨曦輕罩，
我詩想的高峰為陽光的錦帶縈繞，
我歌音的響雷為時代的風雲追趕。

啊啊，我詩的脈搏和時代的脈搏一齊跳動，
我詩的呼吸與萬民的呼吸緊緊相連，
我詩的熱血與戰神的熱血一起慷慨地澎湃！

三、

飛吧！我的詩心，飛向那孤寂的曠絕之境，
莫羨那孔雀華翎般的綺思取悅於燈紅酒綠的境界，
要向曠野試煉你的精神，向懸崖創制你的風格！
飛啊！我的詩心，飛向你意志的晴空，那天外之天，
為鷹之友，為日之朋，縱橫奔雷之中，袒臥於狂飆之上，
創闢你的昇華之路，用你的征翅如劍！

四、

以烈熾的顏彩燃騰為壯麗的火炬，
將暴跳的音符唱成憤怒的彈粒，
用鏗鏘的詞彙錘鍊為閃光的劍器。

磨意志的大刀使它完成殺敵致果的鋒銳，
投情感的鏢槍指向血火交織的時代，
啊！把風雨套上轡繩，恣意馳騁向光華亮麗的明天！

五、

我熱淚的暖流濯洗著忠愛的詩弦，
而觸動了駘蕩生命的旋律。
我汗水的噴泉灑淋上藝術的晴空，
而幻化成千粒寫照人性的星子；
我心頭的思潮衝捲向文學的海洋，
而推送著詩魂性靈的歸舟。

六、

向疾風問勁草，向激流問砥柱，
向長飆烈雨問根基與棟樑，
向烈火重錘冷水，問鐵器剛健幾許？

向西風問菊，向風雪問梅，
向盤根錯節問奔放的利斧，
向顛沛橫逆血痕淚影，問一寸真心！

七、

不要想做未經風雨的大樹，
不要想做不經烈火的純金，
海上來的征鴻，風濤的險境嵌印在深心！
不要盼望採到無刺的玫瑰，
不要盼望沒有耕耘的豐年，
忍受無邊黑暗的孤星，含淚閃爍到天明！

自然

夜裡
我點亮自己成一首詩
孤寂中

我彈唱自己為一支歌
酣眠時
我孵化自己為
一羽彩夢

剪

用情話
將彩霞剪下
夾在晝與夜之間
當書籤
然後我剪妳，妳剪我
剪成重疊的影子
把凝固的夜色
搖成瀟灑的音樂
拿來澆愛情

唯緣

光陰流水
萍散了讀過的面影
風雪古道
斑駁了炎涼荒年
唯妳如巨月流天
照澈我心上的山河影
剪綺年做扁舟
載我渡著
悠悠一世的情緣

夢嫁

摸著詩卷
睡成一朵落花
夢自己嫁給春泥

詩卷掉地
驚醒來
用心靈靜靜開花

作者簡介

王祿松，海南文昌人，一九三二年生。曾獲國家文藝詩獎，中山文藝詩獎、詩金像獎、詩金筆獎、國際藝術金鼎獎、新詩及水彩畫創作文藝獎章，以及國防部頒優秀詩人獎，全國詩人大會頒優秀詩人獎等，共計獲五十一次獎勵，是國內詩人獲致獎勵較多者，並獲美國世界藝術文化學院榮譽文學博士學位。舉行畫展個展及國內外聯展三十九次，文學及藝術著作三十餘部。

晶晶作品

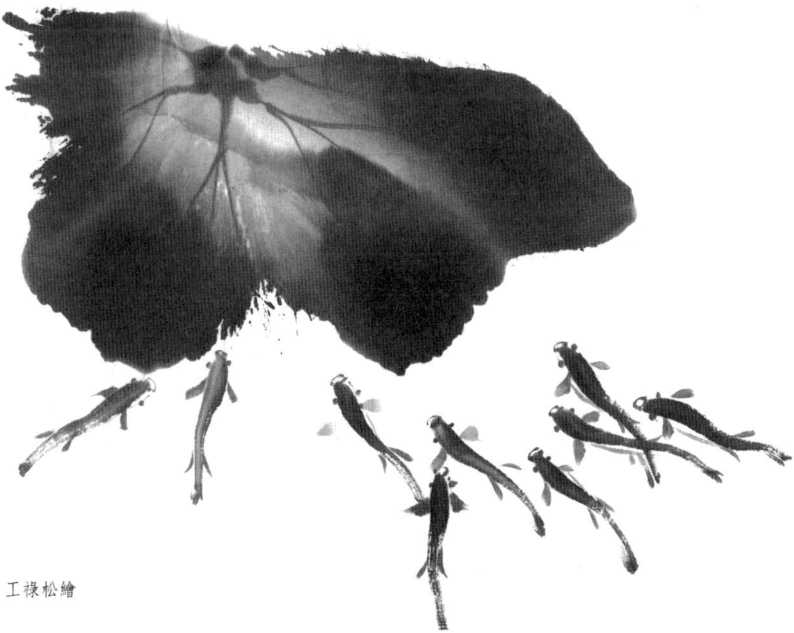

工祿松繪

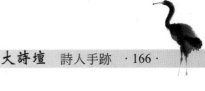

華髮

晶晶

從黑到灰到白
從一根、一撮到一片
歲月的美意啊
無法婉拒

而風霜
竟在年年歲歲中
把它漂染成一種
銀色的尊貴

第三域

定位於天地之間
你是視界中的一線
而「一」的深廣、豐盛
誰能盡識

水疆岸界　那是
不同於天上人間的第三域
走近你　赫然呈現無邊的
江洋　浩瀚

囊括礁石、沙灘及鱗介的種族
版圖中　水天如鏡
浪花是鏡中的白雲
與翱翔的沙鷗翩翩起舞
共譜浪漫的組曲

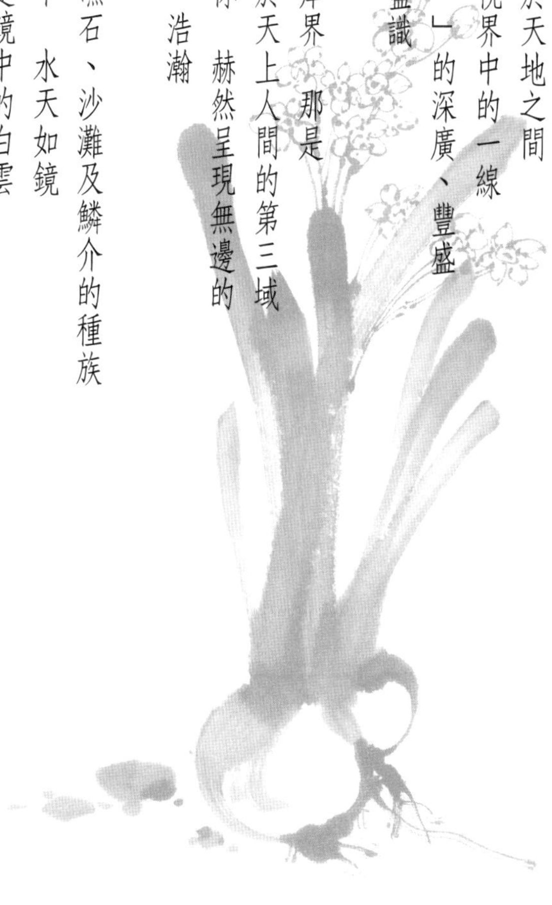

水晶宮的子民們
漫然悠遊
不食人間煙火

偶爾從深層的積澱中
轟然一嘯
沖天而起的狂笑　展示
粗獷、激情的原始魅力

夜來
星子分身而至
為水域的暗夜
點燃一盞盞晶亮的街燈

古蹟

一堆廢墟　一坏荒塚

一塊殘碑　一座破廟
在夕陽寒風中佇立

一些陳年舊事
一段淹沒情懷
在枯寂曠野中默默搬演
傾吐各自的滄桑
等待憑弔　等待詠嘆

蹲踞在古老東方的
那尊巨大的古蹟
只因珍藏著點點滴滴
渺小的組合
才成就了泱泱氣象
升起了亮麗圖騰

儘管
旗幟一面面換

年號一遍遍改
你恆以嚴肅而慎重的心意
等待認知　等待延伸

作者簡介

晶晶，本名劉自亮，河南省羅山縣人，生於一九三二年九月四日，浙江省立杭州女中畢業，服務軍職二十餘年，現已退休，目前是《葡萄園詩刊》編委；三月詩會同仁；中國詩歌藝術學會監事。作品曾獲中國文藝協會二十七屆詩歌創作獎章。著有詩集《星語》、《曾經擁有》，長篇小說《春回》、《歸情》，短篇小說《火種》等多種。

馬驄作品

王祿松繪

夏日

馬驄

蟬在枝頭競鳴
分貝凝聚起來
成一街夏景

這樣的專利唱片每年均重錄一次
有人伴它去垂釣
有人隨它瞌睡一個晌午

地震

一隻出水的鳥抖動幾下羽翼
走山於焉完成
禿鷹群聚在山頂
跌下去的成一落馬湖
曠野無人敲打行板
冷空氣裏
傳來
原始的闃寂

黑洞

性屬神祕
天晴時放出一個暗喻
天陰時拋出一個明喻

無分春分冬藏時
文字的蝙蝠在壁上
上下飛舞
虛空到白
到灰
黑
頭暈目眩
到邈邈
無極處

鳳頭蒼鷹

自相對的高度墜下
乃攫住一隻無辜的鴿
鴿機警地遁入招展的旗
從幽邈處飛來閃亮閃亮的鐵鳥

這片天空失血了

無鴿
閃電霹靂逕自轟隆

註：機場附近不能養鴿子，但仍有飛鴿出現，影響飛航安全，萬物之靈的人類乃訓練鳳頭蒼鷹（以夷制夷），讀此則新聞有感記之。

兵馬俑

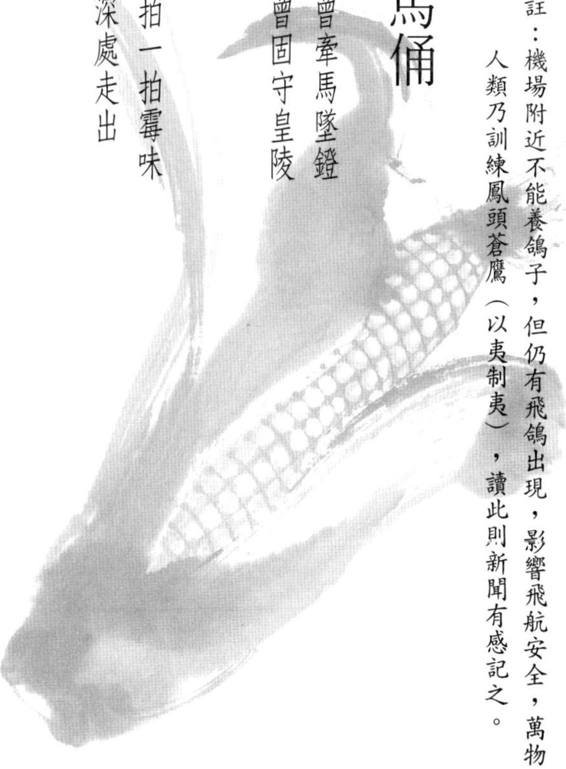

在地上　曾牽馬墜鐙
在地下　曾固守皇陵
風吹草掩
時機到了拍一拍霉味
從歷史的深處走出
飄洋過海
來到列位面前
兄弟

看見了沒有
膂力曾背過秦時的月光

麥稭

差半車麥稭
與姚雪垠的小說無關
是牛與車的鬆鬆垮垮
是慢半拍的步調
是懸蕩在車邊的光腳丫
是一首童歌

疏疏落落立著的麥稭垛
藏著追逐
藏著吆喝
故事從裏流出
月光從這裏照起

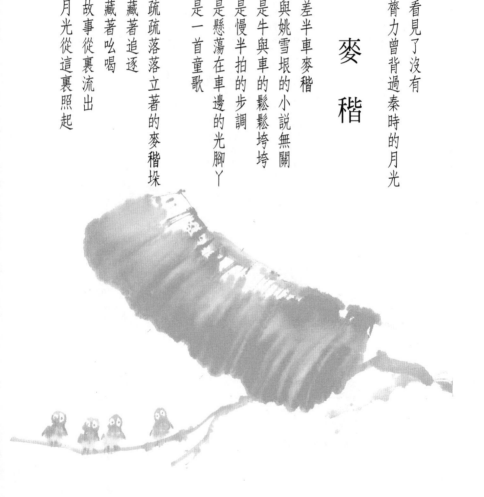

刮鬍子

老而不死是為賊
到了這把年紀竟還有説錯了的話
做錯了的事
一個不小心露出一張不怎麼喜悅的神色
惹得老氣臉上竟日降雪

於是每日清晨
攬鏡自照
堅壁清野後
在蜘蛛網狀皺紋裏尋尋覓覓
並
揮著舒適牌雙刃刀
追捕漏網之魚
驚弓之鳥

作者簡介

馬驄，本名馬忠良。自一九五一年開始寫詩，但中輟。曾擔任《海鷗詩刊》發行人及編委。著有《冬季以望遠鏡賞鳥》詩集乙冊。

周伯乃作品

王祿松繪

情緣

周伯乃

夕陽吻着海浪
浪花濺濕了我的衣裳
金黃色的雲絮在彩霞中浮盪
生命在結束前迸發出強烈的閃光
如同你的媚眼拋出最後一瞥

沿着浩浩天際
彷彿有一個綺麗的夢幻
我們擁着在陽明山腳下共舞
聆聽發自你胸中的句句呢喃

陽明山上的遐思

驀然回首　陽明山的山色
已淹沒在血紅的夕暉裡
輕鷗雙雙掠過翠綠的山巒
相思木在寒塘上搖曳春煙
苦澀的歲月已逐漸消失
歡樂正自我心底躍昇
像陽明山嶺間裊裊炊煙

多少相思橫過荒塵
幾許閑愁隨風飄逝
伸手緊握的是你盈盈的笑容
貼得最近的是你溫馨的臉兒
倘若此刻我有任何的選擇
是偎在你的懷裡聽你喁喁細語
或者遠離城市人群的喧嘩

投向寂靜的叢林　躺在山谷裡
聽潺潺的泉聲　或數蒼穹的浮雲

相偎在漢中街

拚命擠過人群
只是想在喧囂的市心
尋找一撮落腳的地方
能讓我倆安靜下來
聽一聽彼此心律的跳動

無奈疾馳的車群和沸騰的人潮
總是把你我夾雜在眾嘩之中
讓你動彈不得
冷不防被前人的後跟踩著腳趾
像羽毛掉進了蛛網裡
從漢中街漫溢出鞋聲

喧騰電影開映前的匆促
此刻　誰還會關懷你的表情
痛苦　抑或歡樂

不要奢望能從市心抽離
猶如你不能從我體內躍出
是樹即成林
是林就有鳥棲鳥宿
我倆早已混為一體
如炊煙沒入雲層
煙流動　雲流動
今生今世　就這樣緊緊相隨

作者簡介

周伯乃　一九三三年八月十四日出生，廣東五華人。空軍通信電子學校畢業，曾任中央月刊、中央日報副刊編輯、行政院祕書、行政院文建會機要祕書、文復會專門委員、國民大會專門委員、革命實踐研究院組長、《實踐雜誌》總編輯、《世界論壇報》副社長兼副刊主編；中國詩歌藝術

學會理事、理事長、中國文化大學董事會祕書、財團法人道藩文藝中心副董事長兼中心主任。著有《現代詩的欣賞》、《現代小說論》、《情愛與文學》等詩論、散文、小說、文藝評論集等二十九部。

藍雲作品

王祿松繪

紙團

藍雲

他在寫一篇作品
不知是小說抑詩
祇見他時而振筆疾書時沉思
數十寒暑從他指間溜逝
像遠征的旅人不辭勞苦
他十分用心地寫著
寫他一生的追尋與失落
——你我都有的相似的故事
後來 他擲筆一嘆
許是對自己的作品不滿
便將它揉成紙團
往字紙簍裡一扔
悄悄地走了
沒有人知道他到底去了哪裡

時光劫

——暮秋過荷池有感

一季芳華杳然
滿目淒清如許
獨留那美好回憶
兀自亭亭在心之深處

浮雲一般的生命
來去皆虛無
絢爛也罷，平淡也罷
最後都步入同一條歸途

昨日的耀眼多姿
已成天涯斷路
美景難與秋風敵
而今只見花殘葉枯

睹及這場時光劫
乃覺所謂青春　幸福
不過如此荷池
　如那荷花　竟一一離去

春天，春天

春天是萬能鑰匙
所有封閉的門扉
它都能打開

春天是魔術師
他喚醒了沈睡的花兒
叫裸露的樹急著找衣服遮身

春天是貓
蹲在你心中的一個角落

想著如何吃到那魚
春天是永遠不老的頑童
也讓與他為伍的
忘記老之將至

作者簡介

藍雲，本名劉炳彝（另有筆名鍾欽、揚子江等）。一九三三年生。祖籍湖北監利縣，寄籍湖南岳陽市。一九四九年至台灣。五〇年代開始嘗試新詩創作。爲《葡萄園》詩刊創辦人之一。出版詩集有《萌芽集》、《海韻》、《方塊舞》等。一九九六年自服務卅餘年的教育單位退休後，創辦現代新詩與古典詩詞共治的《乾坤》詩刊，任發行人。

一信作品

王祿松繪

慾火焚起

一信

醒與睡及睡與夜的交接點
夜與愛及愛與性的交接點
某種感覺　某種興趣　迅速驟升
某種情緒　某種慾望　迅速擴張
某種心態　某種意念　勃地暴動
乃成火與火般水與水般之
心與心的身與身的交融
愛與愛的體與體之交融
衝動與衝動的興奮與興奮
潮起與潮落及喘息與鬆弛交融後
飄然與疲憊及超現實與現實交融後
渾渾然之清明中
一團火燄在枕褥間焚燒成燼

呼乾啦！

大醉三千載　小醉五百年
天醉地醉　星斗川嶽醉
虎醉龍醉　山海木石浪滔醉
一醉可消千仇萬恨　再醉可忘億憂兆愁

小醉幻中遊　大醉酣中夢
月醉日醉　醉不完陰陽黑白
風醉雨醉　醉不盡炎涼世態
細胞吶喊鬥爭清算　醉吧！
基因發酵權力慾念　呼乾啦！

如果欲醉　如果醉了　如果
從頭髮到指甲　腳板心　衣服鞋襪
都醉成了沒有日月時間

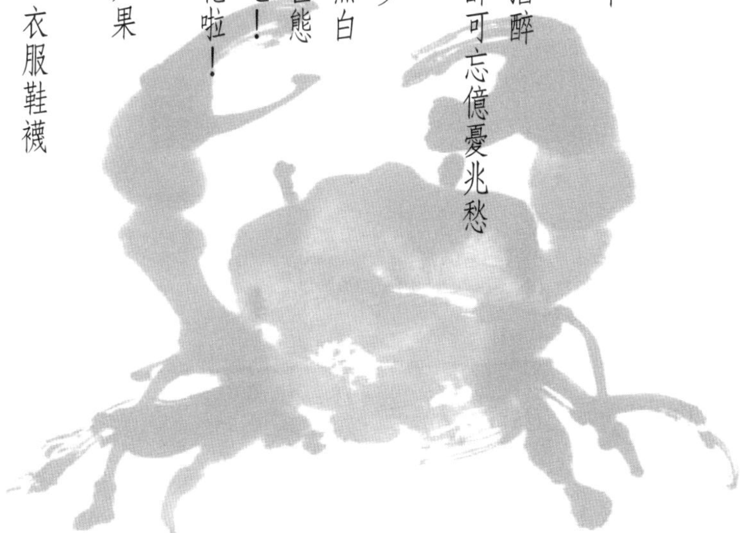

沒有天地陰陽　沒有人文獸鳥
沒有電腦雷達飛彈核電　蟑螂　癌細胞
終必　男子醉成人造衛星乘客
　　女子醉成未經印製的裸體寫真集
那就　不管年代不管超不超現實
那就　再搞幾瓶烈酒　呼乾啦！

裸身婦人

婦人一裸身
魅力噴射出激動因子
有火　有電　烈奪目之彩

這裸身曾被
灼灼之目吮吸過
含磁之手彈奏過
熱情銷熔過　慾火焚銲過

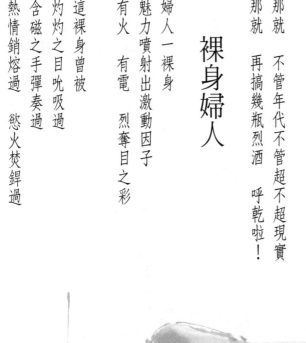

床笫輾轉纏繞過
超現實過　結構過　解構過
一陣風過又一陣雨過
若裸成黃昏　裸成釋然
裸成不再文字　裸成恐慌
乃成　顫抖且不停扭動之
白千層

作者簡介

一信，本名徐榮慶，一九三三年生，漢口市人，曾任公營事業單位課長、專員、副經理。著有多部詩集；另有交通安全叢書集專題研究十餘種。曾主編十餘種刊物。曾獲全國青年學藝競賽新詩獎、詩運獎、詩教獎、中國文藝協會文藝獎章詩歌獎、中國詩歌藝術學會詩歌創作獎、中山文藝獎等，現爲新詩學會常務理事、中國文藝協會及中國詩歌藝術學會理事。

譚帝森作品

王祿松繪

笑

譚帝森

那一笑是那麼
豔然
在記憶的岩層中成了
化石

笑着的寂寞
撩起思緒如浮雲

孤寂的笑
不聲不響地
躺在我心裏

新時代的景觀

招搖於絡繹不絕的街頭
衣著更繽紛眩目了

是要拉住昨日的手不放嗎
報導桃色李色新聞的
報紙版面
嵌進T恤

是要宣傳首富的國度嗎
藍星密佈的
美國國旗
縫成短褲

讀不完的服裝藝術
令人神搖

長影被踏扁

住戶與住戶間
有長長的過道
沐浴在靜靜的燈光中

過道中只有他踱步
從這頭到那頭
靜靜的燈光中
許多人許多事
在他腦中
喧嘩

靜靜的燈光中
喧鬧總是迴旋在耳際
長影在過道
任由步履

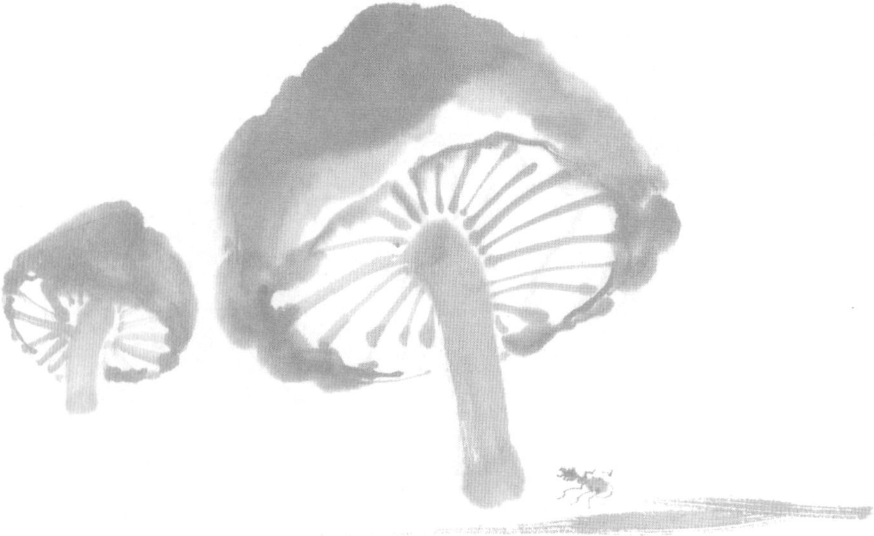

作者簡介

譚帝森，筆名樹影，廣東中山人，小時隨家人到馬來西亞生活，後回中山紀念中學完成中學課程，北京師範大學畢業後分配到邊遠地區教書，七十年代來港，在商店工廠短期工作後，編寫教學用書多年，後在文學雜誌社當編輯。有詩集《樓梯街的祝福》、《海洋公園之歌》、和中英對照《譚帝森短詩選》，也有一些詩作收入合集《寫給情人……》和其他選集。

鄒岳漢作品

王祿松繪

夕阳

夕阳之残菊
又落一瓣

畦地里
农人用锄头
勾着

悄然
埋
下

明早上
长一树晨光

2004.5.31

海螺號

易朽的軀體
在浪淘沙掩土埋中
腐朽

不朽的膽魄
站立閱盡滄桑的
海岬上

嗚嗚
吹響
生命的悲壯

霧中日出

一滴

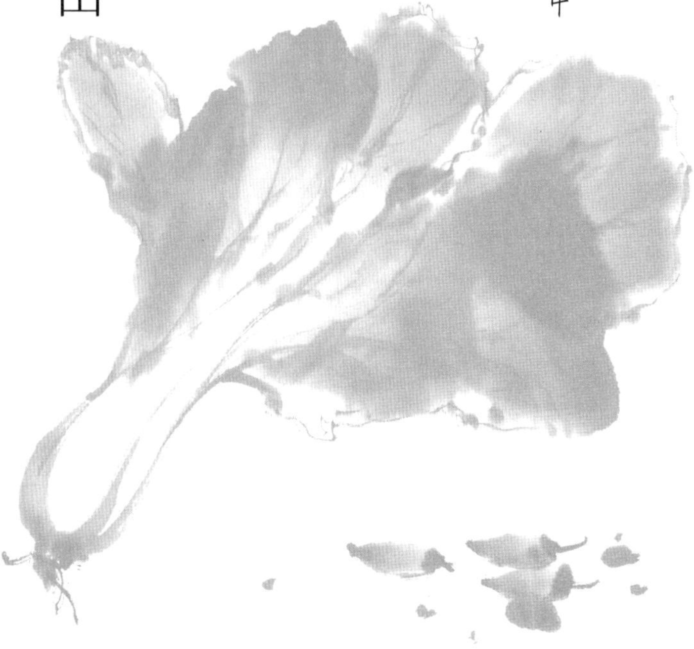

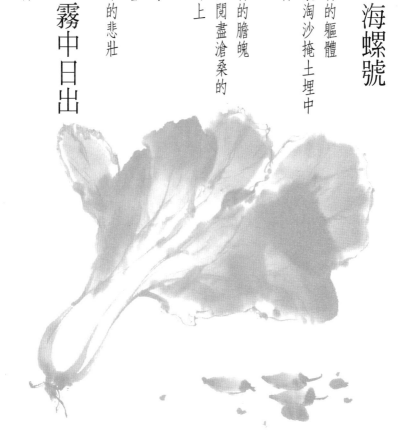

山嵐鮮嫩滲血
的乳汁

復活
難產暈厥的
又一個黎明

心香

點燃十指
縱一場森林大火

十指
連心

焚淨十年
榛莽往事

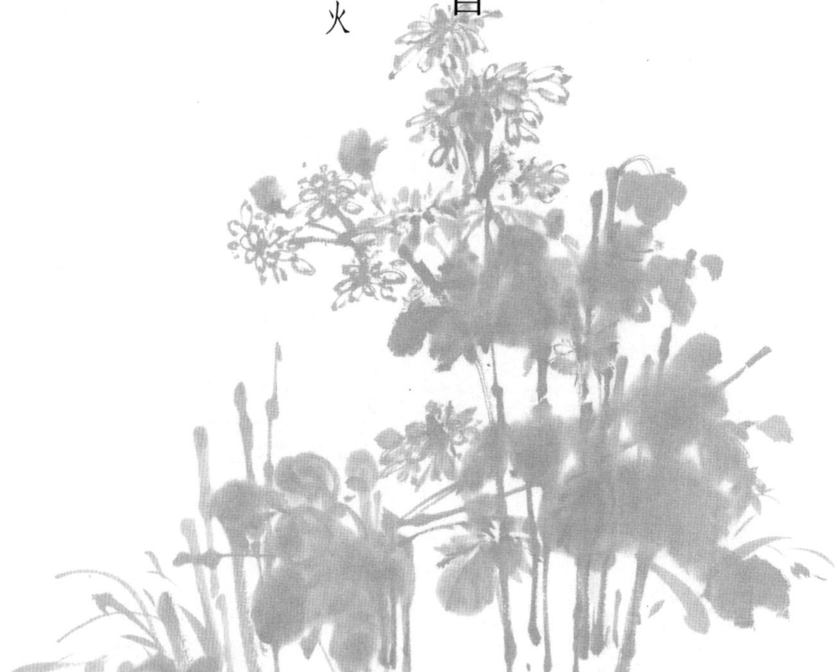

塚蝶

一撲一閃地
在我郊野徘徊
勘探
一捧骨殖
獨自發散的
芬芳
去年
黃土新草
今春
瓣瓣花魂

作者簡介

鄒岳漢，一九三七年十二月出生於湖南益陽。一九八五年底創辦《散文詩》雜誌，任主編十五年。主要著作：散文詩集《啓明星》、《時光之水》、《青春樹下》，詩集《遠去的帆》，合集《鄒岳漢・劉定中卷》。主編出版《散文詩精選》、《散文詩金庫叢書》、《中國年度最佳散文詩》（已出版二〇〇〇～二〇〇三年四卷）等二十餘部。中國作家協會會員。國家一級作家。

張詩劍作品

王祿松繪

同根生　題黃啟樑攝影作品

多鬚的樹同根盤生於黃土
以巨掌伸向天空風來探訪
雨來問候都一樣動容不驚
視圍遶的小花小草親密相
依才顯出大將之風

甲申年秋撰書

張詩劍

七月流火

七月
失去風
失去雨　然而
獲得一堆火
潑出去的火焰
是藍色的青春
在動蕩中
——燎原

讀報

翻開天
掀開地
讀一份報紙
最欽佩

有人將圓寫成扁
有人將扁寫成圓
咀嚼其中五味
一笑煙消

鹿回頭

一回眸
就瞥見百般驚艷
一揮手
就拂動萬種風情
一投足
就挺立於海角天涯
鹿回頭——人回頭
終於回到了仙境人間

夢中情人

昨夜夢見你
始信巫山有雲雨
在霧帳中賞花
在霞光中歡愉
你是五指山的梅花鹿
還是藍月山谷的仙女
山中七日易過
世上千年難期
也許衹有那串紅豆
能解人間的相思

作者簡介

張詩劍，福建長樂人，廈門大學中文系畢業。香港中華文總理事長，香港作聯副會長兼祕書長，香港文學促進協會創會會長，國際詩人筆會祕書長，《香港文學報》總編輯。主編多套文學叢書，著有《秋的思索》等多部，獲多個獎項。其傳收進劍橋《世界名人錄》，獲意大利國際學院藝術與文化國際獎，美國世界文化藝術學院頒予榮譽文學博士。

林煥彰作品

王祿松繪

一壺煮过的茶

／林煥彰／

沒有什么不可以，
桔子加現實加低落的情緒，一起
煮

曾經放过砂糖、烏糖、冰糖、代糖
也放过夢想
剩下的半壺，
一半等你，半温半涼

另一半，等明天
等我想起上個世紀的
某一天和某一天的夜裡……

沒有什么不可以，曾經想到你
在二十一世紀一百年以後的今天，
今天的下午，一壺煮过的茶
已經涼了

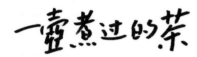

石頭說

——泰國奇石館奇石「命名記」

我向來都是，不太愛講話，和石頭一樣；
任人去講，愛怎麼講，就怎麼講——
我只是聽，靜靜的聽；
聽人家各說各話，聽人家滔滔不絕，信口開河……

我不說話，不等於我不說話；
我說了，人家未必就聽得到，也未必就聽得懂
更未必就聽我，相信我——
我又何必去說，何必去滔滔不絕，何必口沫橫飛？

說吧！說吧！你們就繼續說吧！我都在聽，在聽：
黃的也好，紅的也好，白的也好，黑的也好，藍的也好，綠的
　也好；
不黃、不紅、不白、不黑、不藍、不綠，青紅皂白

是是非非，事事灰灰，天地灰灰，宇宙灰灰……
灰灰茫茫，渾渾噩噩，混混濁濁，興風作浪
風沙俱起，塵土飛揚，日月顛倒，無天無地……
說吧！說吧！你們就繼續說吧！
一群人，圍著我，圍著我，各說各話……

報紙跟我有仇

——政治人物滾蛋

報紙跟我有仇，
每天濫用數以億計的文字；
我狠狠撕它，一個字一個字
撕它

我撕掉一整版，國際新聞
才撿回一個字；
我撕掉五、六個版，社會新聞

政治新聞，經濟新聞
兩岸新聞，還有
民意論壇、讀者投書
才得拼成一個句子

我繼續撕它，狠狠撕它
撕掉整份報紙，
才得十幾個字，勉勉強強
湊成一首
小詩，批判社會亂象以及
該死的，該死的
政治人物，吵吵鬧鬧
通通滾蛋！

作者簡介

林煥彰，喜歡詩畫和兒童文學。他越來越覺得詩是一種可以「玩」的東西，最重要的是：寫寫寫，不必在乎人家怎麼看、怎麼評價。寫詩也是一種修養，修心養性，自自在在就好。已出版四十多種著作，部分作品被翻譯成近十種外文發表，也出過英、韓、泰文版的詩集和童話故事。曾是《龍族詩刊》同仁，後加入「乾坤詩社」。曾獲中山文藝獎、澳洲建國二百周年紀念現代詩獎章及洪建全、陳伯吹、冰心、宋齡等兒童文學獎。

呂進作品

王祿松繪

这是什么地方

吕进

这是什么地方？
是亲切的故园
还是遥远的异乡

若说是亲近的故园——
又有阿里山的苍翠
又有日月潭的闪亮

若说是遥远的异乡——
又有一样的语言和亲情
又有一样的泪水和向往

同一片蓝天，同一个太阳
这里是遥远的异地
这里是亲近的故乡

台灣四章

·中國作家協會訪問團訪問台灣，得詩四首

相會台北

雖是第一次握手
卻早在夢中相見
是照片像人
還是人像照片？
雖是第一聲問候
卻早在詩中歡談
是詩篇像人
還是人像詩篇？

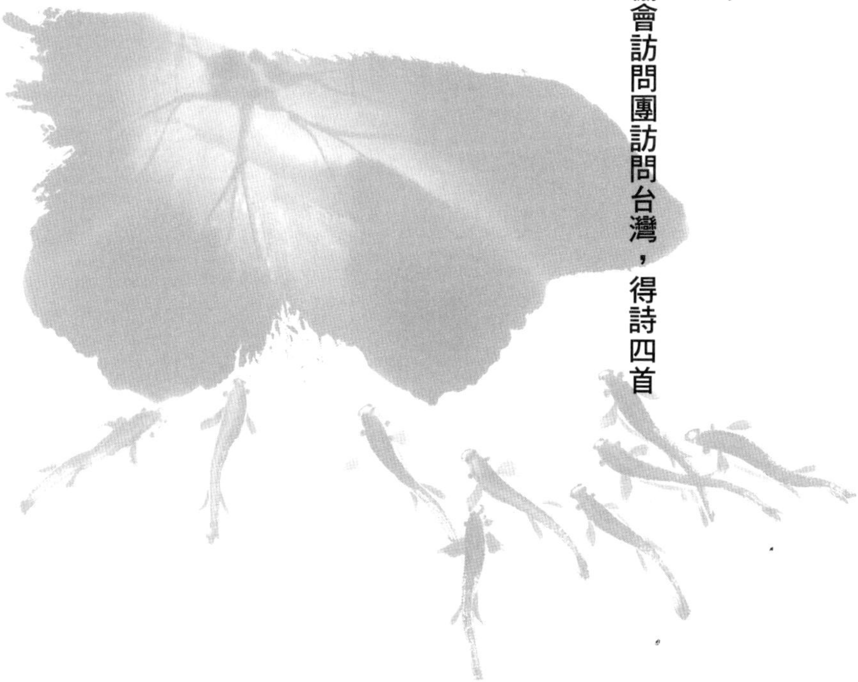

望月

朋友總説別忙
過幾天就中秋了
過了節再歸去
一同沐浴中秋的月光

朋友啊，我的歸期不是雲
自由地在天上飛翔
海峽有兩岸，中秋卻只有一個
我們相約吧，共那圓圓的月亮

教師節

九月二十八日是台灣的教師節
九月二十八日是孔子的誕辰
台灣的朋友，你可知道我這個教師
也是在九月二十八日開始我的人生？

心中點起蠟燭默默地與你共享
在台北，在故宮博物館，在雨中……

路程

十六個小時有什麼要緊
為了今天，已經有幾十年的路程
無非是再增添一串腳印
無非是再增添一腔激情
最親密的稱呼是「詩人」
最濃厚的詩情是「鄉親」
為了一個民族的詩人相聚
再走十六個小時也很舒心

作者簡介

呂進，一九三九年生於四川省。現爲西南師範大學中國詩學研究中心主任，重慶市文聯主席。致力於詩學研究，著作諸多作品，並在國內外發表論文百餘篇。多次獲得各項獎項，對詩學推廣不遺餘力。

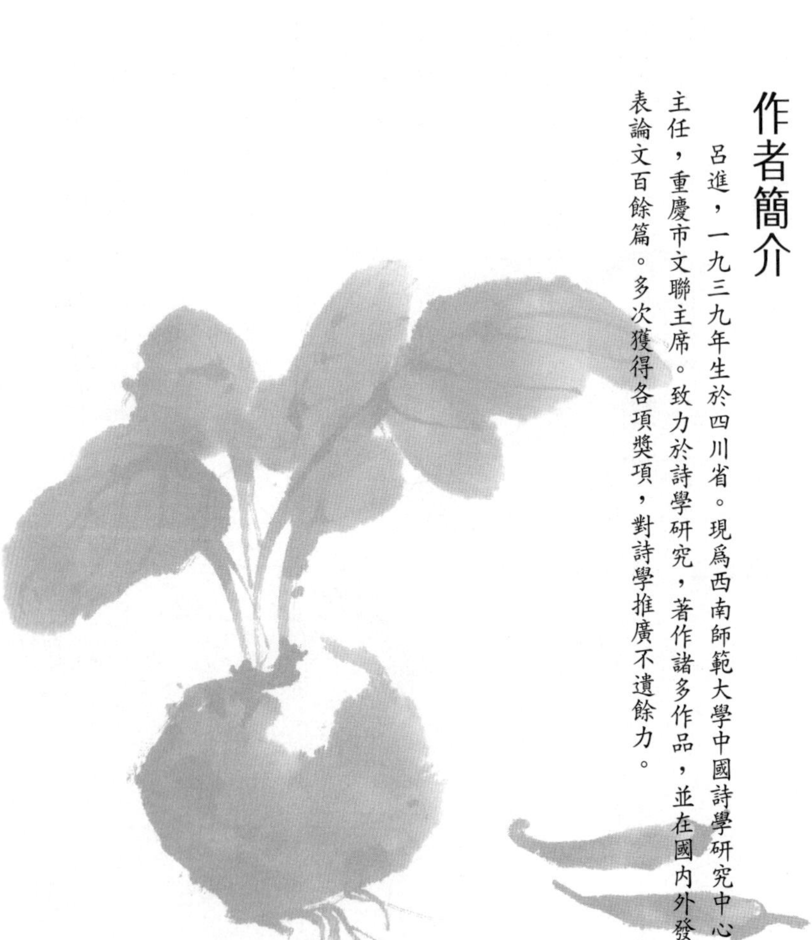

涂靜怡作品

王祿松繪

詩的窗口

涂靜怡

（一）

如果天機可以預測
煩憂可以紓解
那麼
柔腸寸斷的相思路
就不會有心碎的淚水

（二）

人生如此無常
我誓言要向他挑戰
縱然逆境如洪水
沖毀了我夢中的小屋
我也要奮力醞釀一種心情
不讓失意的煙雨
淋濕我鐵石般的詩行

2006年11月8日

暮情

把那盞燈悄悄點燃
　那幅畫慢慢掛起
人生真像一個舞台
幕起幕落間
總把喜怒哀樂潑灑其間

故事有開始就有結束
再怎麼曲折的劇本
是演員
就得認真拿捏
就得謙恭　煞有介事地
扮好每個角色

不然
層層的羅帳

如何網住一生的幸福
如何在掌聲沉寂
夕陽薄暮下
還能繞過心靈的風雨
繞過千年坎坷的心緒
讓守更的夜伴陪
去感受
誰會是那最後離席
還不忘將希微的喝采
留給那
滿臉風霜的人

給秋水

妳是上蒼差遣來的天使
不期然闖入我坎坷的人生路
我們相互扶持
用青春寫詩

引來無數有情人閱讀

歲月如流
情思像攔不住的夜雨
氾濫時
總能讓心海澎湃
讓雲彩縱容飛鳥　恣意
在空中巧思布局
成為我們尋夢的詩題

夜夜　我們廝守著
期許在簡陋的斗室裡
締造一次又一次的驚喜
即使在昏暗的燈光下
我們也從不倦怠於追夢的遊戲
因為　夢裡的世界
永遠比現實美麗！
我們就這樣依戀著　忘了自己

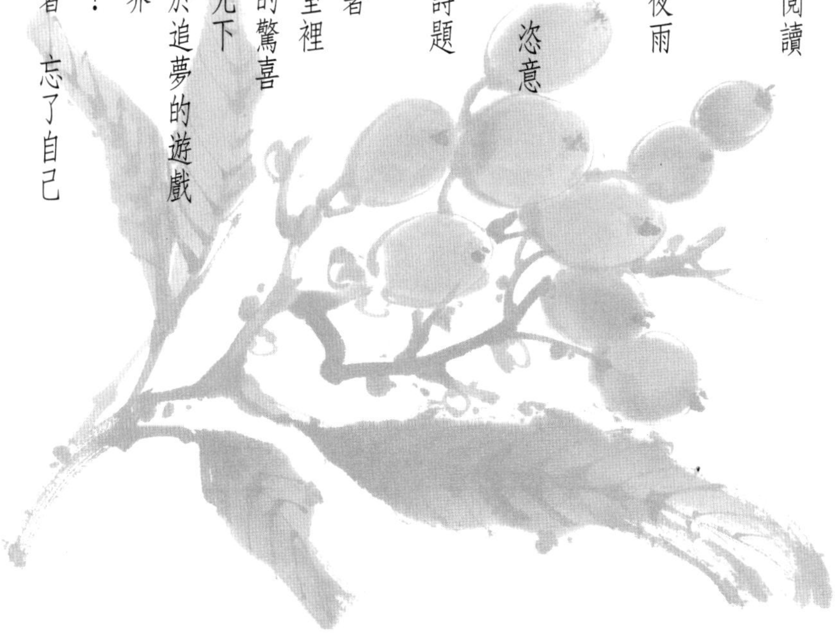

年復年　甘心情願
沉浸於文字的
清芬裡

作者簡介

涂靜怡，台灣省桃園縣人。一九七一年開始寫詩，是《秋水詩刊》的創辦人之一，也是《秋水詩刊》的主編。寫詩，也寫散文和遊記，著有詩集、散文集《我心深處》、《紫色香囊》等十三種。曾得過許多文學獎，其中包括國家級的中山文藝獎。編有《月光的耳語》等詩畫筆記書及兩岸詩選《泱泱秋水》等多本。二〇〇六年在詩友們的資助下，成立「秋水詩屋」，爲台灣第一間「詩人的家」。

藍海文作品

王祿松繪

靜夜

藍海文

夜涼如水
我垂下無鉤之釣
在妳的夢中漂泊
妳分明是隻
七彩蝴蝶
何以偏是一尾魚
沿着柔情，游上
我的釣竿

夜色玄冥
月暗星稀
我仍自妳身上
聽見泫然的
水聲

大海

捧著海
這本幽深的大書
輕輕翻閱扉頁
便有海鷗海燕
就有風帆，就有漁火
就有雲天醉浪
席卷千里斜陽

翻過一頁
鮫魚泣珠
志鳥填海
魚龍水簇下面
是一段段
驚心動魄情節
萬國沉船

古今碎片，就是
最好插圖
其餘，記載著
每個落日的故事

股市

一個浪
接著一個浪
起起伏伏
升升跌跌
跌跌升升

何處是浪頂
何處是浪底
物極必反
升到盡時，便會急瀉
低到盡時，就會反彈

順勢而行
賺則無限，及時止蝕
就是笑逐顏開
盆滿鉢滿的
贏家

玩浪者

消息掀起的大浪
令你瞠目結舌
你當估計此浪的深度
隨著浪尖玩上去
仍有豐厚的收穫

站在金魚缸邊
九成以上都是輸家
賺的一粒糖

輸的一間廠

作者簡介

藍海文，一九四二年生於廣東省大埔縣。一九六三年定居香港。國際桂冠詩人、文學博士。現任世界華文詩人協會會長、香港詩人協會會長、《世界中國詩刊》社長兼主編、同濟大學客座教授。曾任香港藝術發展局文委會主席。倡導中國新古典主義詩歌運動。著有《中華史詩》、《今本楚辭》、《新儒學》、《唐詩典故大全》、《藍海文詩選》、《現代詩手術臺》、《新古典主義詩學》等三十餘種。

林齡作品

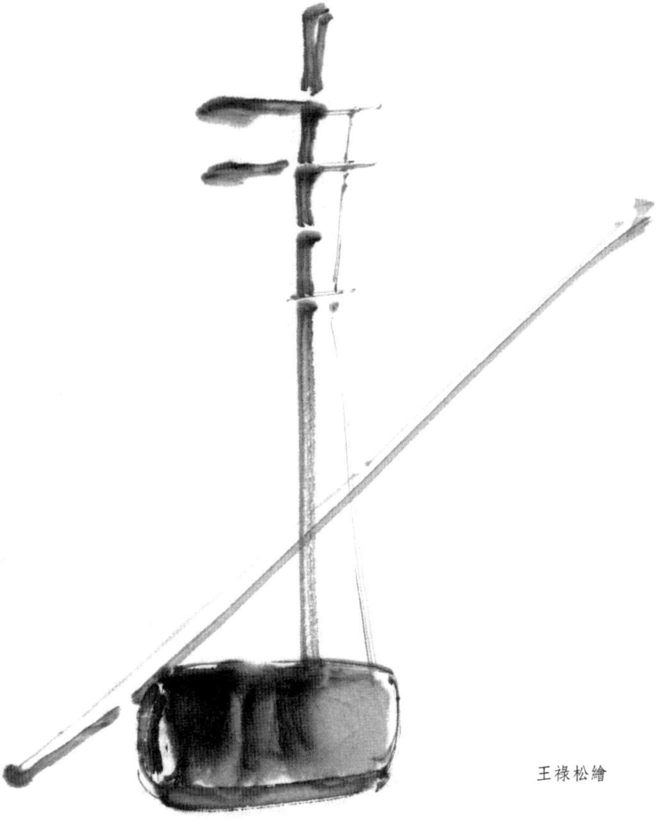

王祿松繪

畫一個妳

林齡

畫一個妳
夜深人靜時
或黛眉深鎖
或展顏莞爾
畫呀畫的
畫出一片相思來

畫一個妳
多少年了
依舊是當年的妳

而我已夕暮
畫呀畫的
畫出一片惘然來

在島上你是遊子

——悼張朗先生

曲終了
餘音裊裊
蓋棺未必論定

詩人啊
不幸生於憂患，長於戰亂
持槍高唱保家衛國
握筆低頭輕吟鄉愁
在島上你是遊子

或許個性使然
你孤獨但不寂寞
在三月詩會上
你常有你獨特的見解

一直扮演著烏鴉的角色

曲終了
詩人，臨行別忘了帶枝筆走
把要説的寫出來吧
在島上你是遊子
落葉未必歸根

一首老歌

午夜，窗外飄來
一首老歌，悠悠地
歌中蘊藏一則陳年舊事
一段情
俱過去了
也只有藉著歌聲
拉近我們的時空

只是再回首已一頭的蘆花

明月

離家後
明月常是遊子的最愛
因為懷念時與它離得最近
似乎可看到故鄉的景象
伊人的倩影

赤崁樓

再訪赤崁樓
仍未見國姓爺
卻隱約見到孩童時
翻越後牆的身影

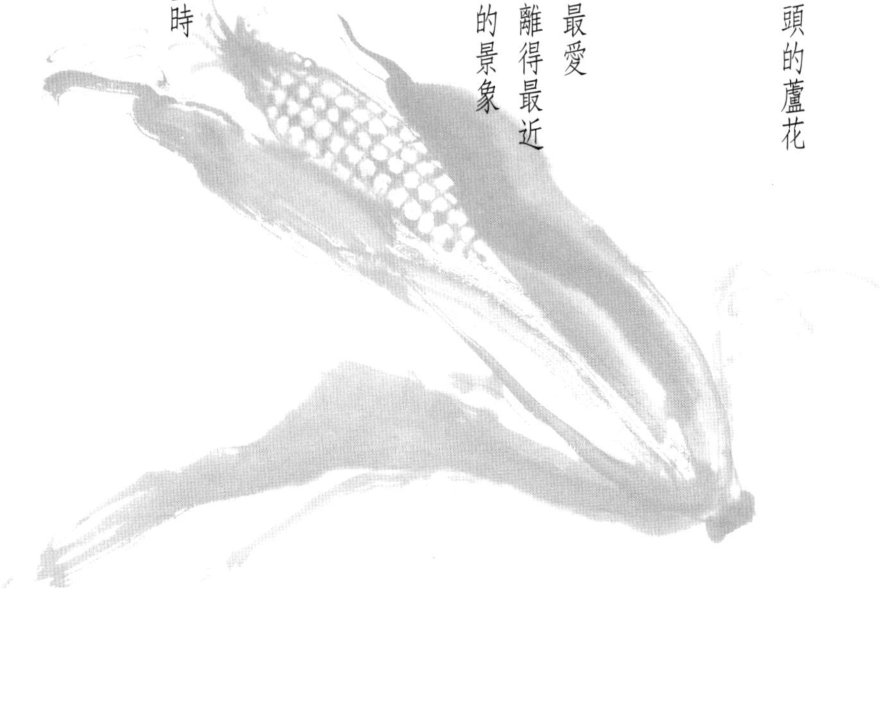

愛情

愛情，寫在少女的
秋波上、嬌羞中
如五月的薔薇
寫在伊人的睡夢中
詩人的詩篇上

上弦月

輕輕一勾
就像妳那倒反的娥眉一樣
如此嫵媚
啊！今夕何夕
一樣明月

是否也一樣勾起妳綿綿相思

妳的名字

明月當空
照在枝椏上
用大地寫妳的名字

情人啊
怒濤拍岸
聲聲呼喚妳的名字

觀海

·投資之道，切記小玩怡情，大賭傷神，不可不慎。

閑雲野鶴的日子
喜歡觀海去

看浩瀚的海潮起潮落
有時風平浪靜
有時波濤洶湧

蔚藍的海
有時浮起暗礁
有時也會開花

看海的詭譎多變
昨夜星辰今晨雨
多麼令人意亂情迷啊

看海，也閱盡人間的美與醜
在驚濤駭浪中
多少人被淹沒

閑雲野鶴的日子
喜歡觀海去

作者簡介

林齡，本名林義雄。一九四二年生，台灣省台南市人。曾從事紡織業多年。現爲《秋水詩刊》社長，中華民國新詩學會常務理事。一九九九年獲詩教獎。一九六〇年就在《野風》發表詩作。著有詩集《迪化街的秋天》。

綠蒂作品

王祿松繪

中秋無月

綠蒂

期待光華把黑與夜分開
期待如梳的月光
梳理我飄泊的亂髮
讓鄉愁在長夜的肩頭睡去

因等待
我假設的月光和思念
編串成一條河
你可以在河中棲息
也可以在河邊走過
但切切要記起秋夜沉寂的漣漪

存在不一樣美麗的瞬間

時間的運轉
以永不重複的齒輪
季節的更遞
恆是過去式的仿造

青鳥飛過
青鳥還在
鐘聲遠去
鐘聲還在
所見所聞　風花雪月
在展演的瞬間
即成過去
記憶是唯一的真實
意念是瞬間的不滅

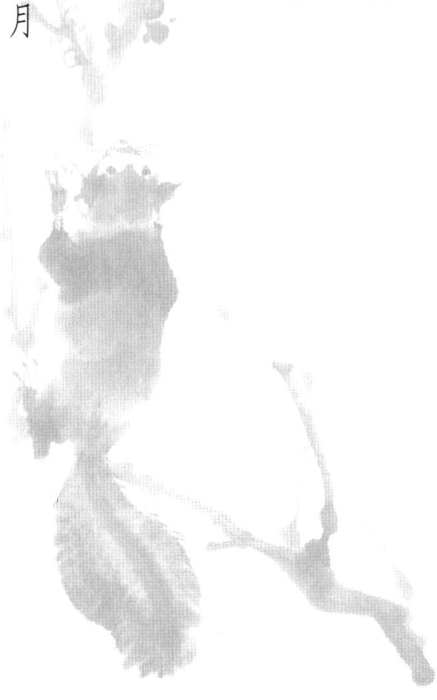

所以要微密觀照
所以要心境清澄
從一砂　一葉
從一縷煙　一片雲
從一滴露珠　一朵寒梅
從一株欖仁樹　一隻五色鳥
從一道流動的河　以及
一片洶湧的東海
可見生命神祕的奧義
可溯宇宙不息的源頭

每天的日升月落
每回的風起雲湧
皆因感覺與文字不同的組合
而記憶
而存在
在不一樣美麗的瞬間

作者簡介

綠蒂，本名王吉隆，一九四二年生，台灣雲林人。現任中國文藝協會理事長、秋水詩刊發行人。曾任中華民國新詩學會理事長、《野風文藝》主編；創辦《野火詩刊》、《中國新詩》、長歌出版社，曾主編《中國新詩選》、《中華新詩選》（一九九六年）、『寶島風采』（一九九六年）、『中華新詩選粹』（一九九八年）。榮獲香港廣大學院文學博士。一九九八年獲頒日本東京創價大學最高榮譽獎。二〇〇三年任第二十三屆世界詩人大會會長。著有多部詩集。

文林作品

王祿松繪

雪後

—文林—

寧靜
是大雪過後的贈品
輕柔
是天使掉落的絨毯

詩人
在寧靜中挖掘靈感
文豪
在輕柔裡放歌

那 絨毯之下
是否 有著更多的寧靜

燈

需要
還是不需要
得問誰

晨曦
天生的鬧鐘
喚醒一天的工作
晚霞
最好的提醒
該去尋夢

是誰
發明了燈
與日爭光
與夜爭長短

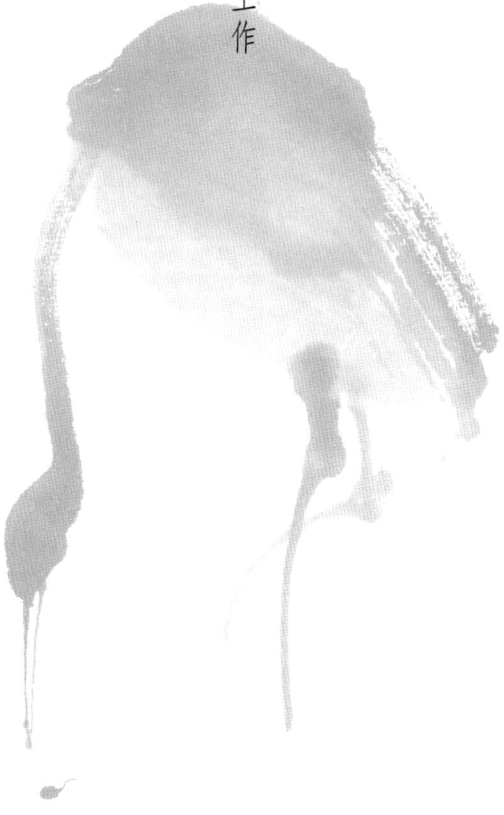

是誰
發明了夜生活
讓人晏起
安寧從黑暗中出走

需要
還是不需要
得問你

雪

裹了一身白粉
以為等著下油鍋
一夜醒來
卻被送進了冷藏庫

十二號車廂

是宿命嗎
十二號車廂
永遠殿後
即使重新出發

每年一班的列車
總帶來許多希望
滿意還是不滿
總在十二號車廂結算

滿意者行程繼續
不滿者再出發
一年後
還是來此相會

新月

陳貨
月月翻新
總能鈎出各式各樣的新思

新歡

剎那間
他有了所有的優點
過去擁有同樣優點的
如今都成了舊愛

正名

當年
母親為她正名

因母親改嫁
那年
自己正名
因出嫁從夫
今年
再次正名
想回歸生父之姓

作者簡介

文林，本名林文俊。國立政治大學畢業，密西根州立大學教育碩士。曾任教師大、美國史丹佛大學、明德大學、德國杜賓根大學。現任教於美國博敦大學。其幼承庭訓，隨長輩習古典文學。二十年前，與同好參與傳統民俗之保存及推廣，並協助兩岸交流活動。十年前，蒙諸前輩指引，接觸新詩，並習創作。先後加入新詩學會、中國詩歌藝術學會、葡萄園、三月詩會等團體，繼續學習，有中、英對照之《文林短詩選》出版。

傅天虹作品

王祿松繪

沉默

傅天虹

拾起你
撕下的一頁頁日曆
我裝訂成冊

今夜的凝望
淚水
仍是屬於情人的

南方熟透了
有柔軟的藤伸过来
兩朵花就形成风景

等你，不忍回首
我们是守候着的
一棵白楊

路的故事

路　一段一段枯萎
劇情在重複
太陽的光線
編織的都是老故事
鮮紅是序幕
昏黃是尾聲

水裡的魚水裡的情節
全是陶片瓷片的
結構
一打就碎
千年不變的是主題
雖有新舊之分

甚麼時候才能變呢

讓浮起的歌聲化成飛鳥
讓一些新的情節
在黑夜中形成

冷色

櫥窗裡標榜民主
榴槤躺成一盤條文望著街道
匆匆而過的行人
提不起解剖的心情

高官如隔年殘菊
傲霜而且亢奮
卻行動不便
一隻隻跛腳的鴨子

尾部磨去少許
海螺可以吹得很響

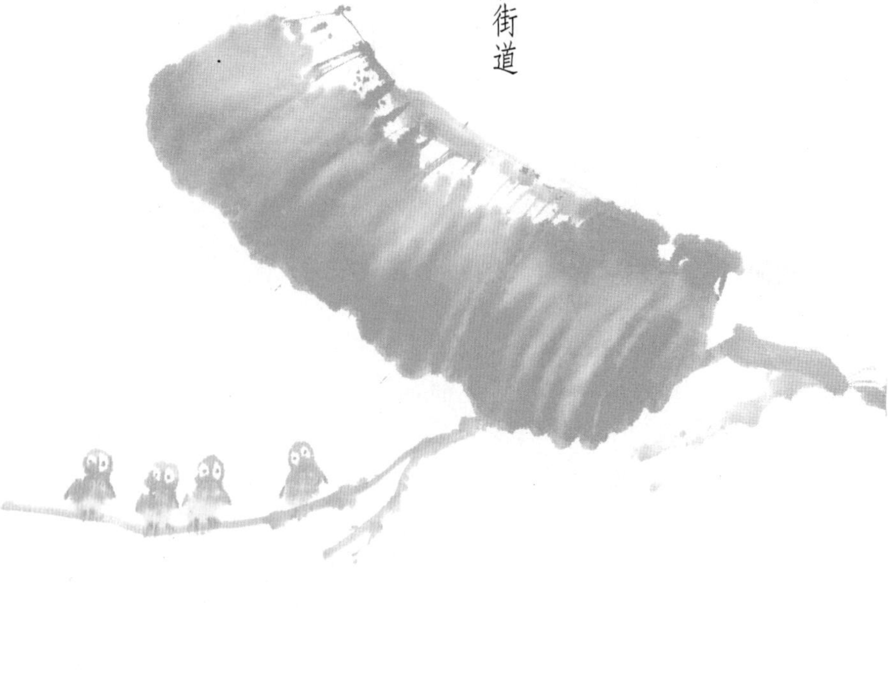

受雇的道士
正在招魂

中空的老榕樹
有幾間屋那麼大
不成材
也貌似一座森林

作者簡介

傅天虹，八〇年代初到香港後，創辦《當代詩壇》雜誌，現任主編，創立「當代詩學會」，任會長。

傅天虹自幼酷愛詩，至今已成詩四千餘首，結集近二十部，多次獲獎。他的活動和創作，大陸版的《中國文學通史》、香港版的《香港文學史》等多部辭書，均有專節介紹。

張燁作品

王祿松繪

求乞的女孩，

陽光跪在你面前　　孫燁

淡黃的長髮披散着
宛如玉蜀黍的纓穗遮掩
珍珠般的臉蛋
有着小小的願望
你低垂着稚嫩的脖頸
默默地跪在陽光下
你是否覺得陽光也跪在你的面前
就像樹跪在落叶的葬禮面前

九寨溝，我爲你遠來

你突然出現在雨幕中
湖光　山巒　飛瀑喧鬧
和你並肩走著
沉默　怕驚動你　倏忽消失
神仙居住的地方
我為你遠來
雨稍歇　又下　又稍歇
兩道雨幕　相隔　幾十華年
你總愛穿著碧水做的衣衫
純淨得讓我慌亂
你的目光掛閃著　隔世記憶
誰在呼喚？童話裡的名字
你的、我的、我倆的名字

靈魂是水
所有童話的靈魂都是水
我為你遠來

為什麼相遇在雨的夏日
而不是斑爛明朗的清秋
為什麼遠離浮華，獨處生冷荒野
為什麼見到你時我真的老了
不能再攜著我小小的童話滿山瘋跑

輕靈的孔雀藍笑聲
衝擊我，一海洋冰排
你與我玩起捉迷藏
在你眼中我童真依舊？
從諾日朗、鏡海、珍珠灘
到五花海、臥龍海、蘆葦海
愛人不容易看見
愛人在海底

仙霧　跳珠　令我暈眩
我向你張開雙臂
眼淚隨意流出
莫名的感動和遺憾
我為你遠來

我為你遠來
也必將為你遠去
神界　無法觸及的高美
身上有著太多世俗的東西
在現實世界我還要趕一陣子路

作者簡介

張燁，上海人。已出詩集《詩人之戀》、《生命路上的歌》等四部，散文集《孤獨是一支天籟》。作品被譯介成英、法、日、羅馬尼亞、愛爾蘭等多種語言，選入百餘部詩歌選。評論她作品的專題論文有五十篇左右。畢業於復旦大學分校，現爲上海大學教授。爲中國作協會員，中國詩歌學會理事，上海作協理事。

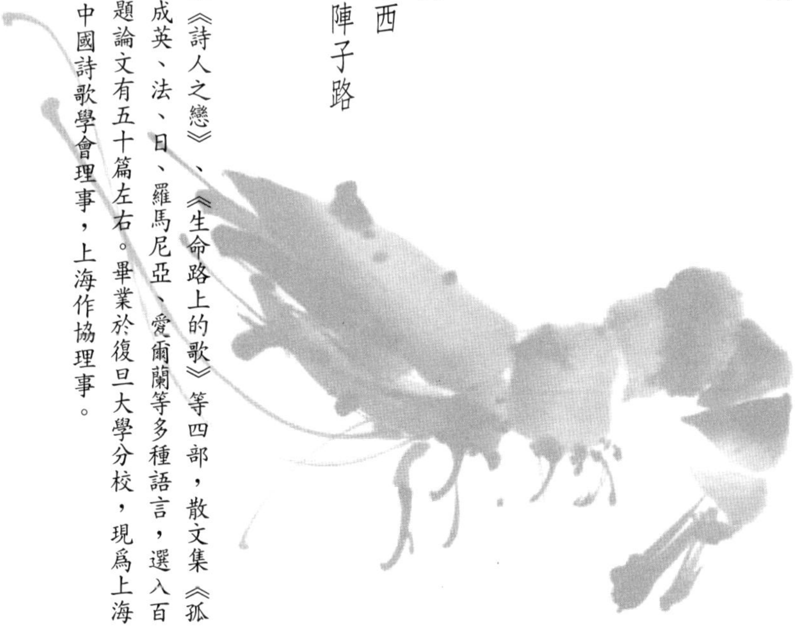

薩仁圖婭作品

王祿松繪

当暮色渐蓝

当暮色渐蓝
你那里
可是新月一弯？

枕畔该也有
一段怀恋
一串梦幻

相聚，一百个温暖
别离，十万个想念
驶向生命船岂能泊在港湾

好用心数着分离的日子
晚风，总像你的手
在轻轻扣打门际……

蔡红阳姐

題紅山女神

穿越漫漫五千年滄桑
驚世的笑容
燦亮最初的中華文明曙光
牛河梁上的紅山女神
我至尊的蒙古利亞同族
我摯親的遼西一方水土的同鄉
與你神祕目光對視
胸中凌河拍起滔滔千堆浪
潤澤生長青青草的牧場
思想的駿馬
追逐悠長牧歌與光榮夢想

中華龍鳥

一飛入石

把生命的神話演繹
原本柔弱的身軀
選擇堅固就融入岩石堅固無比
詮釋永恆不懼曠久沉寂守住自己
愛與飛永不捨棄
定格的翱翔之姿格外美麗
鍾情大自然的造化
與石相依生發宏遠思緒
背負時光與季節
因循天籟的旋律
是鳥總是要抖展翎羽
夢醒億萬年
石破天驚異
飛出久久棲身的時光之岩
抵達一個民族的高地
生命之歌被陣陣風兒傳頌
生存奧祕由一片陽光解析
精靈本無價

翔者無疆域

故鄉化石魚

塵世之外河之外生存
是不肯隨波逐流而去
天盡滄桑在心底累積

隨石而安與石相依
以穿透時間與暗夜的堅韌
具有了岩石的性靈與質地

離水億萬年仍安詳游弋
軟綿的軀體如此堅硬無比
生命濃縮著宇宙奧祕

作者簡介

薩仁圖婭，蒙古族，國家一級作家，遼寧北票人，一九四九年九月生。曾爲朝陽市文學藝術界聯合會主席、黨組書記，朝陽市作家協會主席等職。遼寧省作家協會主席團委員，中國作家協會會員；遼寧省第八屆、九屆、十屆人大常委會常務委員、省人大民族僑務外事委員會委員、省人大代表資格審查委員會委員。現在遼寧省民族事務委員會擔任領導工作。

已出版詩集、傳記等作品集二十餘部。並獲得諸多榮譽獎項。

龔華作品

王祿松繪

瀑布

卻是秀髮一絡
徐徐出岫於疊翠間
春天裏，陽光已千年
只為
輝映傾瀉的孤獨

卻是秀髮一絡
纏纏顫抖於層峰中
清明裏，靈山已亙古
只待
青衣容顏轉為嫣紅

奈何
依舊是銀光粼粼
豈止不忍仙遊

何時
風濤裏染白秀髮的妳
竟自雲端降落
背影禪坐

慧華 2001年春天

夢幻島嶼

來了
在這金色的海岸
在碧浪中
海神一般降臨的
正午的影子
是一剎那蒞止的幻夢

午寐的屋頂融化著白熱的精靈
我在小島的陽光中驚醒
歡喜自你手中接過一個繫著絲帶的禮物
微張的唇正祕密等待假期的風
那濕潤的水晶項鍊卻叫人憂愁

愛琴娜島嶼的呼吸沾滿夾竹桃的毒香
曼陀鈴琴弦鎖緊了記憶的音符

灰眼珠老人在花壇邊溫柔的說
東方女子別走丟了
那時
我並不知道自己只是一隻海鷗
忙著將海藍的天空
盤旋成一圈圈夢的漩渦

伊橋落日

——二〇〇二年八月二十日於新疆伊犁河畔

孩提的曾經
彩霞般歇在枝頭
樹弓了背
細細描繪風的動作
那蜿蜒的路徑
不正是歲月的腰身
髮沾著落日的氤氳
拂著臉溫柔了眼角

雲影便在秋光中喃喃許諾
薄紗輕攏肩頭上黃昏的記憶之初
伊橋拉直了風塵的線條
牽絆起微濕的這頭那頭
伊水向西流為尋回更多的寂寞
來自舊日的時空漸無聲響的源頭
有佈滿傳說的天空
還有守候神話的我

作者簡介

龔華，祖籍四川省，畢業於輔大，曾任外語中心學生輔導員，貿易公司負責人，癌症病患輔導團體負責人，雜誌總編輯。現任乾坤詩社社長，小白屋詩苑（童詩季刊）社長，中國詩歌藝術學會常務理事，中華民國新詩學會理事，中國文藝協會監事，創世紀詩社同仁。曾獲散文獎章，詩歌藝術創作獎，詩運獎等獎項。作品有散文小品《情思．情絲》，詩集《花戀》，中英對照《龔華短詩選》，《玫瑰如是說》及《夢與光束》（中、英、法對照詩選萃）等。

古松作品

王祿松繪

〈也致洛夫〉

古松

關閉着的石室冷冷
苦熬歲月在燃燒
漆黑中孤獨無望
迷惘的明天
仍是
另一片彷徨
失控的存在
恍若一聲輕嘆
一点無奈
在石室之內死亡
重覆了一生寬恕的路
四十年歲月匆匆
顛簸起伏
再一次的流放
彷彿依然匍匐而來
揚着楓葉時仍有
滴着血的心痛
石室中剩下个了
禪悟能否渡你於彼岸
或早在無岸的海峽裏
再次僵直

秦俑

深冬的咸陽冷得我發抖
冰凍的心在積雪裏瑟縮
厚厚的盔甲下依然冷漠
眼神中有無數的怨恨
我在你旁邊依然感到
你那無法表白的莫名
一站和一跪就是二千個冬天
仍無言地期待
另一個同樣明日
沒有結果的明日

瘦瘠的黃土下你就那樣地
在無數的變動中東歪西倒
還原後你依然有深深的不忿
僵硬了二千年的肢體

在我靜靜地親近你時
竟也無法動彈
想你仍當感覺到
接近你時的砰然心跳
就是那麼一瞬間
我倆已在時空中融成一體

千般的表情
在我凝固的肢體上
有相同沉默的無奈

一顆淚珠驟然滴下
我驚惶地偷偷看你
潤濕竟然在你底臉上
訴說著歷史的淒然

作者簡介

古松，原名鄧永雄，曾在臺灣、英國、及港大就學。早年曾教授英國文學，其後任職於政府律政司爲總刑事檢控官，並在大學兼課十餘載，教授哲學及法律等。現專事寫作及遊歷。

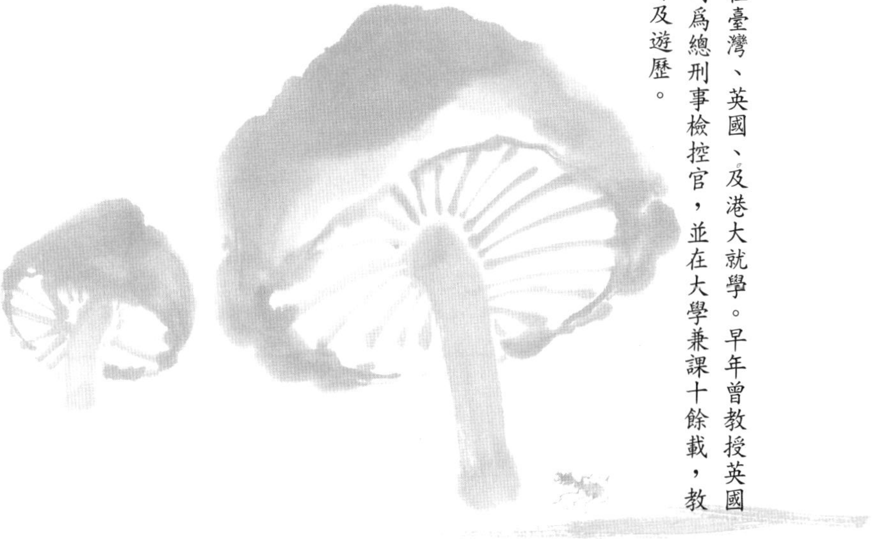

台客作品

王祿松繪

合欢山日出

—兼向詩友賀年

台客

諸神靜默
萬山摒息

倏然，一道金光
射自幽黯的山谷

雲海奔騰湧動
大地欢欣復甦

二00三年冬

黃山雲海

山，是崢崢嶸嶸的
億萬年來
它們一直昂揚挺立
以睥睨之姿
仰窺天地之變幻
俯視人間之滄桑

雲，是白白靄靄的
以猝不及防之速
它們蜂擁而至
為群山染就朦朧
一幅絕美的國畫山水
於焉完成

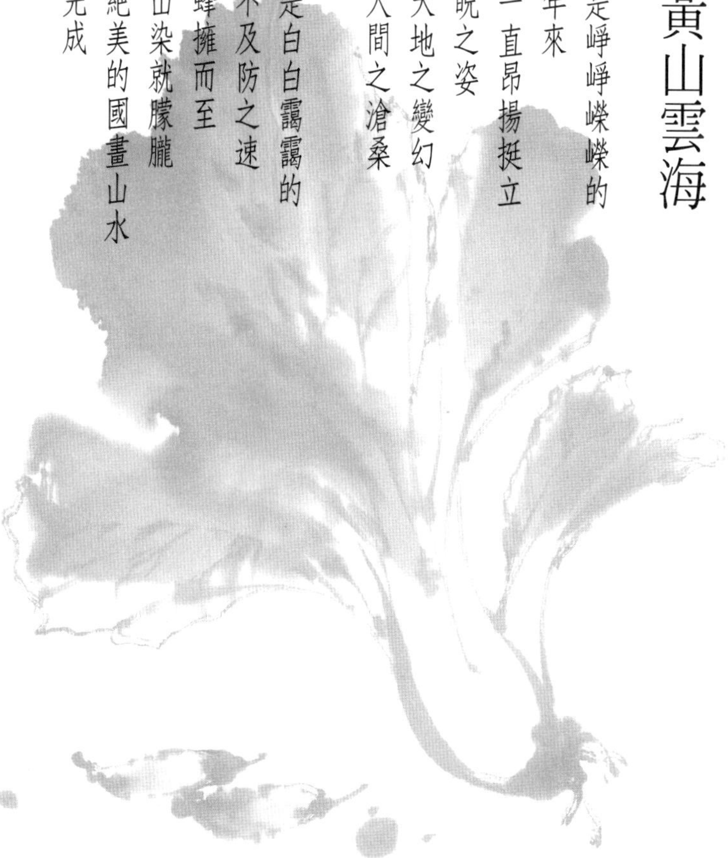

在生活的海洋

——給妻

在生活的海洋
我們曾遭遇狂風巨浪
駕一葉扁舟
何處是我們的避風港？

因為有妳啊親密愛人
我才勇於闖蕩
任日子是一尾尾鯨鯊
我們總能逃脫死亡

如今我們已步入中年
前途似乎是波平一片
感謝妳啊一路相陪
我們還要攜手向前

敬禮

——悼大象林旺

敬禮，向一位戰士
曾經出生入死
印、緬叢林中
拖著重重火砲
予敵軍致命打擊

敬禮，向一位老兵
從緬甸、雲南、廣州
千里跋涉，狂風暴雨中
渡海來台，見證
一段艱辛的歷史

敬禮，向一位長者
身揹四代人共同回憶

動物園中的人氣明星
啊！牠終於倒下
在國人一片哀惋聲中

作者簡介

台客，本名廖振卿，一九五一年生，台北縣人，國立成功大學外文系畢業，現爲《葡萄園》詩刊主編，中國詩歌藝術學會理事。已出版詩集《台客短詩選》、《發現之旅》、《見震九二一》等八部。主編《百年震撼》（九二一大地震詩選集）、《不惑之歌》（葡萄園詩刊四十週年詩選）等書。

白靈作品

王祿松繪

不枯之井

城市傾燬，最後守城的那名士兵不肯
投降，臥死一角，正被禿鷹啄食，旗
偃，鼓熄，僅掠城者的腳印排隊出城

大雨來臨，夾雜那名士兵衛殺的回聲
一滴一滴，滴入枯死多年之井。夜晚
滿月臨井自照，終歲殘破之臉終得完
滿的結局

荒煙蔓草淹沒的廢墟中，無人得知暗
藏的不枯之井

毋望在莒

——金門太武山所見

眼前料羅灣
再也不見眾男兒挺槍
前進
當年撩進海峽濡濕的褲管
自從晾在哪家女孩的窗口後
就忘了回收
有些匍匐上了岸
不曾開一槍
就爬進了
忠烈祠

因此都不如前面那山頭
挺得高高的兩乳雷達
傲峙峰頂

引得五色鳥生機勃勃
叫得滿天響
只有他老人家的字跡仍沙啞地
鐫在山壁
塗紅了前來憑弔的
老兵的眼睛
喉頭間跟著一字字滾動：
「無望再舉」

作者簡介

白靈，本名莊祖望，原籍福建惠安，生於台北萬華，現任台北科技大學副教授。擔任過《草根詩刊》主編、《中華現代文學大系·貳》詩卷主編，並創辦「詩的聲光」，近年與詩友合組「台灣詩學季刊社」，擔任過五年的主編。曾獲中國時報敘事詩首獎、梁實秋文學獎散文首獎，中央日報百萬徵文獎，中華文學獎，創世記詩創作獎、中山文藝獎、國家文藝獎等。

毛翰作品

王祿松繪

鹿回头

毛翰

梅花鹿回眸一笑，
变成了美丽的少女。
秀色依然可餐，
弱者总是委屈。

这世界欲壑难填，
你能逃到哪儿去？
逃过了人家的食欲，
逃不过人家的情欲。

鳥語

鳥語是一種美好的事物
只有花香可以與之相提並論
只有風清月白林綠天藍
才配作它盡情揮灑的布景

鳥語是一種傾訴
其永恆的主題是自由和愛情
鳥語是一種天籟
每一個音節都款款押韻
鳥語是一種神諭
需要我們用心去傾聽

天真唯美的鳥語
可以入詩入畫入樂
卻是不能馴養的

鳥語一入囚籠
就只有哀怨和憤懣
鳥語屬於童話世界不能言說俗事
鸚鵡的悲劇就在於墮入紅塵

誰疏遠了天河漣漪和自由的風
誰就不再擁有鳥語的靈性

但鳥語常有異化的危險
就像溫柔的戀人會異化為潑婦
狼的傲骨會異化為狗的搖尾乞憐
千嬌百媚的罌粟花
會異化為萬惡的毒品
每當想起這些
我便會感到絕望
感到這世界的荒誕不經

作者簡介

毛翰，一九五五年生，湖北廣水人。曾任西南師範大學中國新詩研究所教授，主編《中國詩歌年鑒》。現爲華僑大學中文系教授。出版有《詩美創造學》等論著和《陪你走過這個季節》等詩集。

陳銘華作品

王祿松繪

流星雨

我們火柴剛要回航了
你們撞羅力滿撲縫
幾條之流燃燒也？

陳義芝書

二零零一年十一月十八日

Sensor

讓我在前院種幾叢花探四時的消長
讓我在後院蓄一池水測日月的盈虧
讓我在實驗室出盡方法來量度
冷暖、厚薄以及愛恨等等
最後請將我接上高壓電流
裝置在莽莽天地間
俯仰一生

遺　言

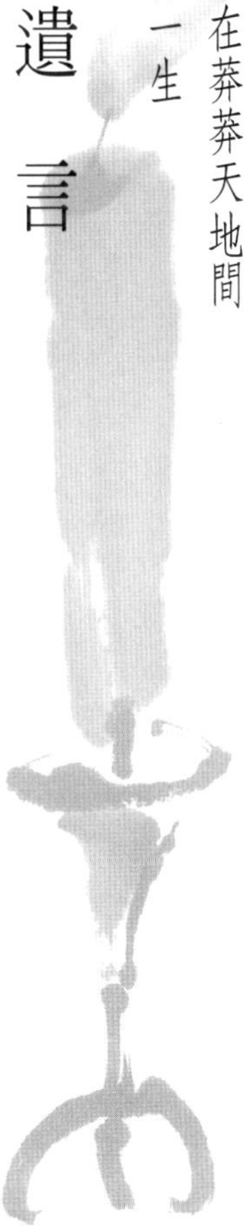

我的詩便是了

寫在水池邊的水漬
迅即升出時間的軀殼
可解或不可解都毋需實現

歡樂的請大家分享
淒美的隨我
死於異邦

網中人

1

茶久已懶煮
酒飲不飲也罷
詩可以明天再寫

這時候
我在哪裡

左邊是光的記憶體
右邊是時間的微型處理器
再前行恐怕就是第N重天了

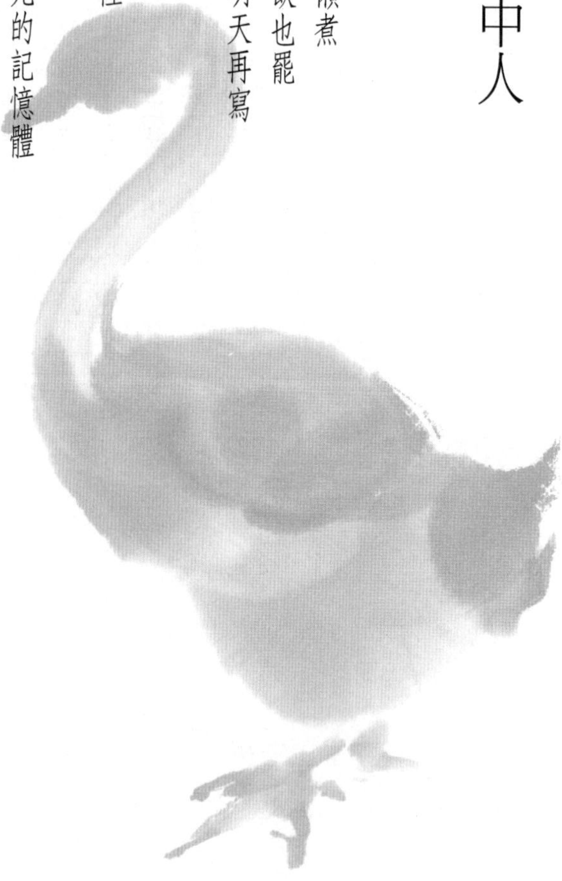

這時候
你在哪裡

2

沿著時空織就
千絲不絕的心事
躡足而來

你在網路那頭
世界果真陷落其內
連同許多隔世
未解的密碼

我在網路這頭

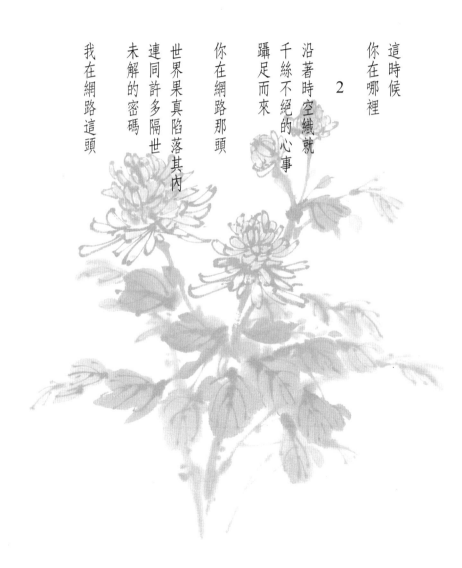

作者簡介

陳銘華，一九五六年十二月生於越南嘉定，一九七九年定居美國洛杉磯。中學時期開始寫詩，一九九〇年偕詩友創辦《新大陸》詩雙月刊，兼任主編。著有詩集《河傳》、《童話世界》、《春天的遊戲》、《天梯》、《我的複製品》等。現職電子工程師。

范揚松作品

王祿松繪

燈屋夜訪詩人

范揚松

記憶，自遙遠打撈年輕的夢的海洋
光的亮度，在蹭蹭浮浮裡迤邐著……

冷不防地，鏡魔竟豪奪隱了右眼
左眼頓然茫茫望着城市的風景線
上升、旋轉又上升和燈屋螺旋
聯想是年輕的、量子閃爍在夜的
距離以外，我們在天體中遠近又飛離

量子波散而有序，纏敵此起彼落
流竄天際的蕃符，矛盾諍辯論——
關於衰敗死亡、再生又節奏收斂
戰爭、膻羶與修女的祈禱，同在
怨謗、荒蕪與一隻鳥兒死於交通事故

捆綁之外，海浪追悼戰爭的廢墟
燈屋以內，魚群一口口嚼着鮮美意象

躍升爲一顆星

——悼念政大企管系英年早逝的師友

起落不羈的姿勢，如歌之行板
悠悠歲月，琅琅書聲撲擊而至
響自指南山麓，響自斑駁課室
青澀身影啊——總在奔逐中拉長
撐開蒼穹的高度，岌岌地俯瞰
我們的山稜線，隱沒在滔滔塵世

木已成林，伐木的鋸齒切切嘈嘈
急躁地，吞噬了年輪旋轉的聲音
距離中，流放著夢想與愛情物語
青春用沸騰的熱，煮食一鍋理想
才華是薪火猛烈燃燒，搖滾歡歌
恰是辛辣爽口，絕佳下酒佳餚

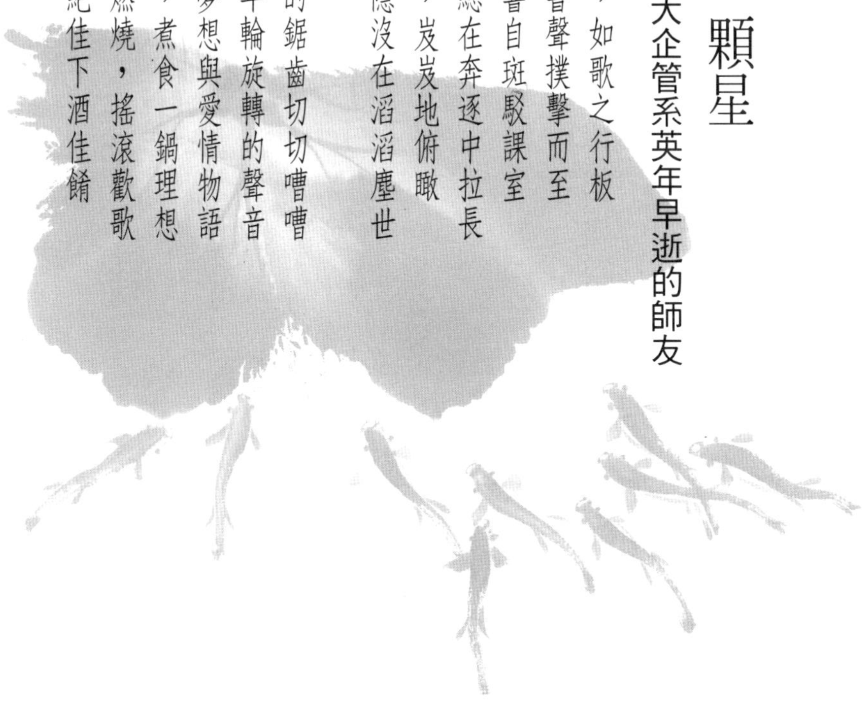

我們寬敞胸膛，袒露成廣闊夜空
網羅飛鳥、星辰、山川、河嶽
一隻隻鳥，用翅膀馱著星光飛遠
遠方的山脈呵，在蜿蜒起伏中
凝固為磅礴的交響樂，大聲嘩唱
木柵路，乃徹夜響著群山的激辯

時間在記憶中衰老，你在紅塵裡
裹傷上陣，暗路中，病魔伸手
掐住歡唱的咽喉，掙扎卻沉默
你倒在流亡裡，獨飲澀苦的酒
酒精的濃度，點燃紛飛的回憶
熊熊的火光，燒紅黯冷的夜色

火爐裡，所有的光與熱都思索著
自己的身世，訃文上的措辭種種
我們跌落往事的深淵，回到從前
逐次添增濃郁的色彩，各個色彩

盡情揮灑，找到自己的最佳姿勢
然後躍升，躍升為一顆耀眼的星……

後記：個人畢業於政大企管系第十六屆，這兩三年已經有五位同學及師長因病過世，這些師友正值英年而事業有成，每次靈前悼念，總回想指南山麓的求學情景，雖歲月悠悠卻也歷歷在目，不僅感傷也格外珍惜現在的自己。此詩寫於二〇〇六年十一月三日參加陳隆麒學長追悼會後。

作者簡介

范揚松，台灣省新竹縣人，一九五八年十月出生。美國普萊頓大學企業管理博士（DBA），國立交通大學管理科學博士研究，企管碩士。

曾獲香港徵詩冠軍獎，兩屆國軍文藝金像獎，全國優秀青年詩人獎，葡萄園詩創作獎。出版詩集《俠的身世》、《帶你走過大地》、《木偶劇團》、《青春拼圖》。

賴益成作品

王祿松繪

相忘江湖

賴益成

在酒與酒之間
用酩酊体驗醒醉
在茶與茶之間
用溫熱感觸甘美
在詩與詩之間
用心靈領悟真善
在人與人之間
用因緣論証薄淺
在命與命之間
用淡泊看待虛無

如詩與愛
那份執着
豈容割捨?!
如魚與水
那份摯情
何能相忘?!

故事

——給G・M

因為秋天的瞳眸
寂寞了許久
於是我想尋覓
一份愛
灌溉皸裂的枯寂

凋敝的風情總無法按捺
濃郁的愁相對
西風的眼睫也噙不住
真實蒼鬱的爍閃
而後六月的理智
搖醒我漸漸咯血的
胸臆

在一場擁簇淒美的
夕陽結局裡
我淚流的心房
血染
一空的
滿天霞紅

滿天霞紅的一空血染我淚流的心房
在一場夕陽的結局裡擁簇淒美

紅霞滿天

心情三帖

1

在在莫名地承受春色的搖撼
雪濃蟄於左心瓣趺坐

入定成僵凍的臥姿
風淒過，雨苦過，淚亦曾流過
任鮮血汩汩成攤
翻飛的記憶又何如？
——傳說畢竟祇是謎般的一闋古典

2

伸手將二月撥成圓弧垂下
灰暗的天空便將瞳孔輕輕餵飽
人子的悲歌逐漸沉淪於香蕉船底
待水溶的冰點升揚
顫悸的掌紋拭去成涸的血泊
左胸膛沉沉的喚醒了聲悽涼
眼眶開始向眼瞼索取泣然
——欲泣的聲響是習慣性的一種手勢

3

言及向晚的不惑歲月

濃愁與朗晴於初春冷冷的眸中
是該如何臨摹的一番景致？
就撐住一抹斜陽和星辰
俗世隔絕為一朵午荷？
曾祇種植寂寞
卻相思與孤獨並肩
繁殖下來

作者簡介

賴益成，台灣雲林人，一九五九年生。現任詩藝文出版社、《葡萄園》詩刊社發行人，中國詩歌藝術學會常務理事，中華民國新詩學會理事。曾獲優秀青年詩人獎、詩運獎、文藝獎章、特別編輯獎。出版有詩集《臨溪詩草》及其他編著等多種。

路羽作品

王祿松繪

路羽

秋螢

草的捕手
輕拭過
露珠的晶瑩
月亮
是悠悠地來了
一任
螢的鼓點
敲響
寂寞

秋煙

炊煙
攀沿
獨坐的菊
不慌不忙地
顯示曲線
讓遠方的山巒
露出
朦朧的笑容

渴望

年輪
比劃著軌跡
鋪展開的
是秋的咏嘆調

蟬在鳴聲中
窺視
燙人的黃土地
揚起滾滾紅塵

楓葉
儘管鏗鏘
卻
不再是綠色

秋菊傲然
靈魂仍是深淵
港灣的迷濛
是一種渴望

早春

雪曾壓得太重
偶有陽光的詮釋
竟也能將孤獨
染成冷靜

儘管紅豆已經跌落
成春的遺囑
儘管疲倦不堪
小道　仍在腳下延伸
猛然發現山腳下

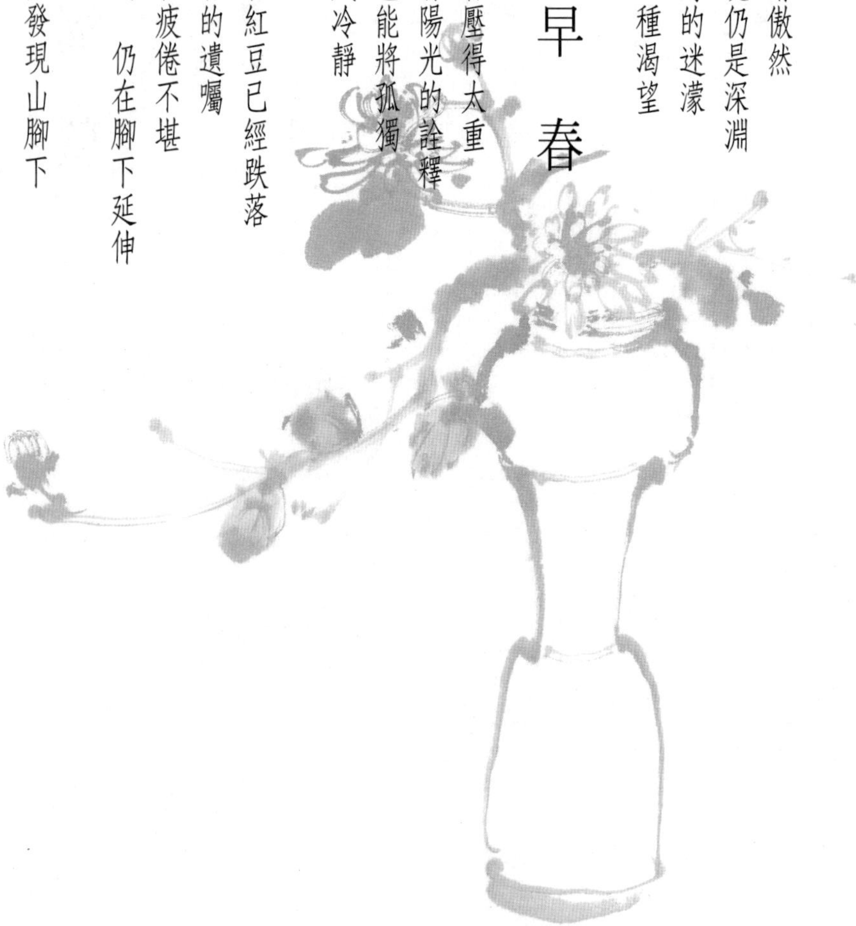

默默無聞的巴士站
用真情
銜接遊人

不知何時起
努力抽蕊的木棉樹
已燃成
一路火焰

作者簡介

路羽，本名傅小華，原籍古城泉州人，定居香港。著有散文合集《飛花六出》、詩集《紅翅膀的嘴唇》、《藍色午夜》、《路羽詩選》，散文集《路羽隨筆》、《路羽散文選》、《香江歲月》日記等，組詩獲安電杯一等獎，《路羽詩選》獲首居龍文化金獎二等獎。

現任銀河出版社社長，當代詩學會創辦人之一，《當代詩壇》副社長、香港文化總會常務理事，國際炎黃文化研究會祕書長，美國世界文化藝術學院文學博士。

蔡富澧作品

王祿松繪

岩石　　　　蔡富澧

在風花雪月的酷寒裡被最冷的刀鋒抵着頸項逼
到無路可退的針尖或瀕臨全面崩盤的夢的邊緣
仍不叫喊的一顆岩石.

為了儲備一場戰力懸殊而無關乎公平性的正面
壓迫戰的勝利而砍盡黍禾燕麥且不准天空下雨
的大地相信每一顆岩石都可以為了荒蕪而活。

大多數的岩石都作着同樣裸體的夢且深怕再不
能窺視別人的一無所有而馴良地背脊朝上爬行
直至仆倒而不敢翻身。

面對一條河的消失雖然原就是塵與垢的族類不
在乎洗不洗滌也沒有渴不渴的感覺一顆岩石仍然
在失眠的夜晚感到難過。

暗中的一笑

——觀台北民族舞團舞作〈拈花〉

迷霧中
生死　名利　得失　妍醜
黑暗中，不見光　不見天
眾生浮沉

行者趺坐　結印　斂目
在眾生的浮沉裡　聆聽
覺者　空靈的　梵唱
舞者千手　千眼　咒語　法器
行者　生滅的念頭　不動的心

修行路　一步　一腳印
拈起　一朵春天　生命的訊息
眾生都在　走　不同的路

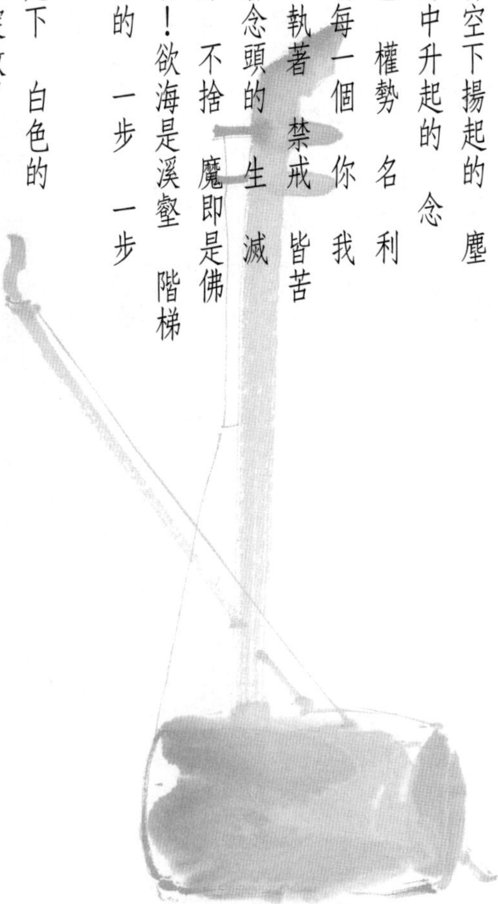

找　一樣的心　一個當下
一聲棒喝　空了　妄念　執著
皆空　世界　人我　心物

像青空下揚起的　塵
心海中升起的　念
美色　權勢　名　利
誘引每一個　你　我
欲　執著　禁戒　皆苦
看著念頭的　生　滅
不離　不捨　魔即是佛
行者！欲海是溪壑　階梯
清醒的　一步　一步

天光下　白色的
花　綻放了
再拈　花還是花
幕就是幕　落下

暗中　一笑
無盡蔓延

作者簡介

蔡富澧，一九六一年出生，陸軍官校、陸軍指參學院畢業，曾任排、連、營長、國防部上校參謀。曾獲聯合報新詩獎、國軍文藝金像獎、高雄市文藝獎、玉山文學獎、觀光文學獎、打狗文學獎等；著有散文集《山河戀》、《山河歲月》，詩集《三種男人的情思》、《與海爭奪一場夢》、《藍色牧場》。

蔡麗雙作品

王祿松繪

不止息的風
撼動我的素懷
嗔嗔的隱雷
翻起我的悲憫
心靈的底版
悠悠地淌下
聖潔的涓流
何必計短較長
來自仁愛的天性
都祇是為了
潤澤人間

新詩　靈泉
二零零四年　五月
紫霞雙撰書

信念

穿梭於歲月的
淒風苦雨
看天地蒼茫
品人間哀樂
我心仍是
一顆噴薄的
朝陽

偶感

即使麗日中天
也莫得意傲立於
萬仞峰巔

哪怕小小野草
也能春火燎原

生活時時有風霜
卻處處存溫暖

高處不勝寒
希望在磨練的內核
昇華

化蝶

兩顆纏綿的心
飛出堅貞的翅膀
恆永地追隨

生死與共

從淒美的傳說中
蛻化出
一雙粱祝
含情於
天地之間

奮飛

閃電照清前路
雷鼓中振奮
我的豪情

風雨裡
苦尋本真
向著無際的天涯
放飛抱負
汪洋曠拓我的視野

藍天為我展現
新境界

作者簡介

蔡麗雙，筆名麗莎，女，原籍福建石獅，定居香港，文學博士，客座教授、編審。現任《香港文學報》社長、《新詩界》社長，《香港詩刊》主編、《香港文藝報》總編輯等，著有詩文專集及主編專集等多種。

莊雲惠作品

王祿松繪

心羽

莊雲惠

霜風醉葉
情深幾許
當顫動的枝頭有紅淚淒閃
西風的消息飽掬潸然的濡濕
啊
我仍以無限溫柔
在流變浮沉的運命長河中
握住唯一不變的初心

晨語

擁抱初晨的寧靜
急切
與孤獨對話

我是一隻嚮往單飛的雁鳥
以展翅之姿
揚棄過往多彩的回憶
拋擲現實紛沓的羈絆
飛向夢寐的空冥

流光啃囓了青春
華年侵蝕了嬌顏
磨折考驗我以堅強
病痛教導我以謙卑
追攀或幻滅

擁有或割捨
已然融入生命
如寒林夕照
　暗夜星輝
都是天地不滅的亮麗

梅雨心曲

雨水順簷而下
如山泉潺潺
單調的節奏
唱和初夏的寂寞

我早已習慣
放任孤獨的心
傾聽時間流動的聲音
撫觸記憶游走的軌痕
早已不在乎

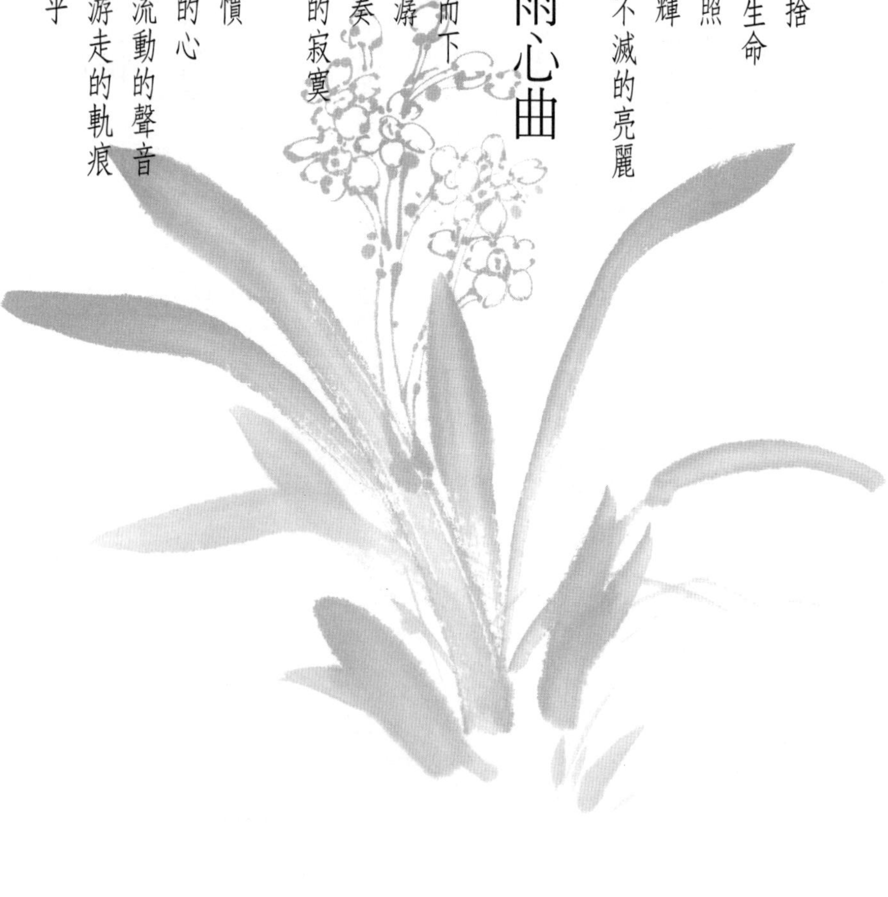

是驀爾浮漚
抑岸然磐石
我即是我
存在於生命的起點與終點之間
馱愛而行
溯美而遊
是獨有的
唯我的逆旅者

時間在流動
記憶會游走
無須尋繹解惑的答案
不必開啓塵封的枷鎖
寂寞心想
終將伴隨紛飛的季雨
漫跡在天地間

啣愛

你是啣愛飛來的青鳥
停佇掌心
喃喃傾訴多年守候的
美麗情事

我以半醉之醒
捕捉浮沉的金色夢影
往事很近
卻又遙遠
你真實存在
卻也虛幻飄零

無法壓抑悸動
重新面對潛藏的怯懦
驀然驚見

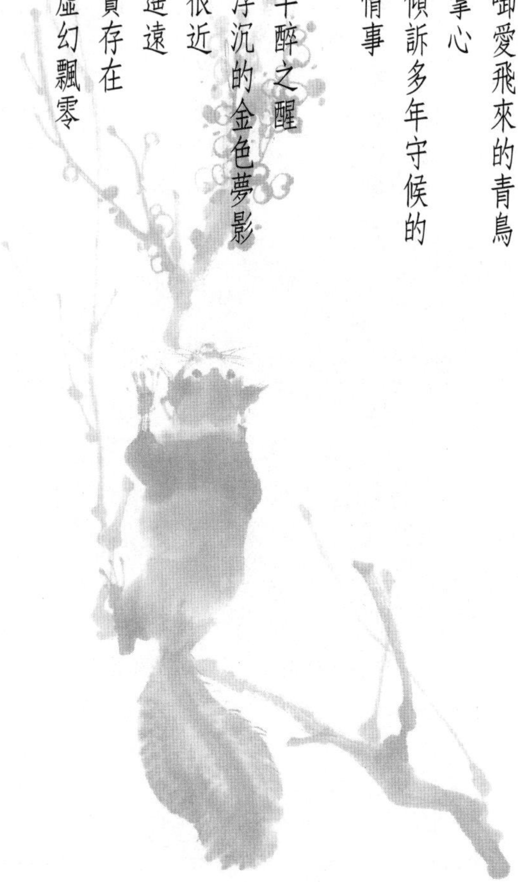

你仍是那不變的青鳥
啣愛微笑相迎

歸情

踏晨光歸來
攜晶瑩的繁露
見證透明
心念

曾嚮慕海涯之無邊
　神往山林之靜謐
曾揮別繁華
　逃避喧囂
但無論身在何方
　　心在何處
你卻
無所不在

回歸吧
如涓滴之水歸向大海
如細微之塵歸向太虛
漂泊之情
歸向你
歸向真實

記取滿足的眼波
當下的幸福
收集溫柔的盈笑
擁有的喜悅
歸向你
歸向真實的存在

作者簡介

莊雲惠，一九六三年生於台灣省新竹縣。曾榮獲中國新詩學會「優秀青年詩人獎」，中國文藝協會「新詩創作文藝獎章」，「水彩畫創作文藝獎章」，臺灣省文藝作家協會「中興文藝獎章新詩獎」，國際炎黃文化研究會「突出成就獎」，及青溪新文藝學會頒贈績效優異文藝狀。著有詩集、散文集、散文水彩畫集、新詩水彩畫集等多部著作。並曾多次舉辦新詩水彩畫個展，及參與國內外水彩畫聯展。

曉靜作品

王祿松繪

入畫

不能相擁的冬夜
你是恒掛心頭的
一幅山水

靜靜閃爍
默默交融
多少無奈的
細碎，泛起
剔透的儷影

我是一隻玲瓏的
相思，偏向你
春天的楓林

曉靜作

迎月・賞月・追月

不是雨，不是
淚，是月桂樹上的
露珠，凝在
夜海裏

等翅膀張開
等風從耳邊
搖起，等心
蜿蜒成一條
小路，我把
夢，點成思念的
燈籠

雲層湧出你的
微笑，清風

便醉在淺淺的
梨渦裡

皎潔如詩
柔情似水
多少回陰晴圓缺
祇等一個
約了又約的
幽會

挽著絲雨，流雲和
青山，不是應群
候鳥，不是孤單
過雁
是歲月疊成的
微笑，搖醉放飛的
心靈，搖成
橋，搖成

路，搖成
海角悠悠的
輕舟

作者簡介

曉靜，本名王曉靜，女，祖籍天津市。一九八八年定居香港。世界華文詩人協會會員，現任香港詩人協會理事、《世界中國詩刊》副社長、《香港詩刊》主編。著有詩集《花季》、《天堂鳥》、《萬頃煙波》、《化飛春蝶》及小說《豪門淑女》等多種。

文榕作品

王祿松繪

青春的光影

文榕

秋水的眸光
蝶翼的睫影
輕輕的風
徘徊在華年的岸边

精灵的舞步
星輝的碎片
紫容的浮光
編織成夢幻的花園

依依纖手
悠然摘下東籬菊影
恬恬詩心
在空灵的小舟上，輕眠
泊忧愁於雨後的初晴

百合

微笑，是我的腳步
最輕的韻
在世間走
雲朵是我的倒影

香息，是我的語言
最淺的話
向晴空訴說
春陽是我的知音

恬靜的笑，我的祈願
一首詩，摺在蝶衣
藏在花唇

悠然冥思，我的祝福

一個夢，含苞在相思
綻開在擁抱中

以夜籟淬煉寥寞
以闃寂撫慰憂傷
我愛伴月色靜坐
夜深寒緊，它為我
披一件，繡星禪衣

恆在

——卓瑪的心情

詩文的心緒，彌漫著佛意
那智慧的光，日夜把我牽引
如果今生的輪迴，是為遇見你
好樂意

伸出的手，可以獻上花一束

香一炷，謙卑的心一顆
今生今世啊，若牽不到你的手
你渡我出輪迴
我不走

燕子飛去了，春天仍美
只祈求涅槃在，草地的青碧內
鮮花的馥郁裡
柔風的無言中
你晴空一樣澄明的
心上

註：卓瑪，小說《再世情緣》（作者雲丹嘉措，譯者李安宅）女主人翁。

作者簡介

文榕，女，本名顧錫群，筆名文榕、嚴翎，江蘇省無錫市人。福州閩江大學商業管理學系、香港公開大學中文系畢業，獲香港電影研究院電影電視編劇文憑。

現爲《香港詩刊》、《香港散文詩報》副主編、中國散文詩學會常務理事、香港詩人協會理事、香港散文詩協會副會長、香港作家聯會永久會員，著有詩集、散文詩集等著作。

雪漪作品

王祿松繪

携着你的手去走走

雪湖

在寂寞的时候
我携着你的手去走走
爱的发祥地雪白晴朗区
天地如此大

把握这生活的世界
与自然精美对话
脉脉的爱意从眼神中
涔涔流出
爱意发光了
我为之心醉

静下来
像一枚古典秋叶
回味夕阳的余温馨
在月白风清的芳菲中
超越永恒

……

1992.10.31

動聽的生命

在天空和大地之間
是誰
在呼喚歸來
是誰
在上演離去

這與你坦然相伴的四季
深處的生命
包裹著美麗的情感
誰在嗅這朵花蕊的暗香

生命
在花開的季節
和陽光一樣耀眼
誰能拒絕

燃燒的欲望
這最烈的狂熱
就要出爐

不屈的聲音裡
山來了
水去了
花開了
希望誕生了

天空滴下了蔚藍
大地升騰著綠意
星星貼近的是心靈
夕陽看著的是遠方
告別和迎接
是生命唯一的方式

母親在家園歌唱

我們都在
靠一雙鞋子
走遠
你聽
這絕美的聲音
一如河流
流向母親河的心臟

作者簡介

雪漪，一九七〇年生，生活在内蒙古錫林郭勒大草原。中文本科、英文專科學歷，文學學士學位。現供職於某地區文化體育局藝術創作研究室。

八十年代中期開始文學創作，出版詩集《靈魂交響》、配攝影散文詩集《生命草原》、散文詩集《我的心對你說》等。

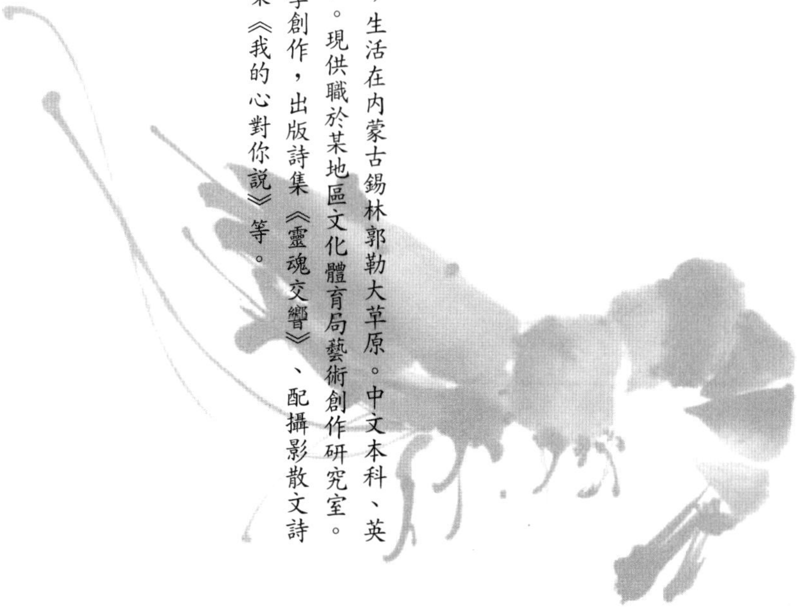

老夢作品

王祿松繪

原野

·老梦

风在忙着搬运春天
我正置身于原野

石头下挤出的那一粒嫩芽
喊出了我经年的疼痛
大地呀
我是如此两手空空
如何承受你苦熬来的春天？
如果我不能给你带来雨水
就请岁月把我抽成一记闪电
只想擦燃一下天空
而后归于永恒的沉默

2009.5.25

原野

原野，百億年前海的嘴唇
打馬而過者
似它舒出的一個悠遠的哈欠

大地的每一寸土地
沉澱著多少人的骨灰
在這原野上馳騁
激越的馬蹄會踩痛多少靈魂
多年後，我將成為這裡的一塊泥土
踏我而過者
正是沿著我的血脈逶迤而來的背影

在空曠的天底下
誰也不會孤單

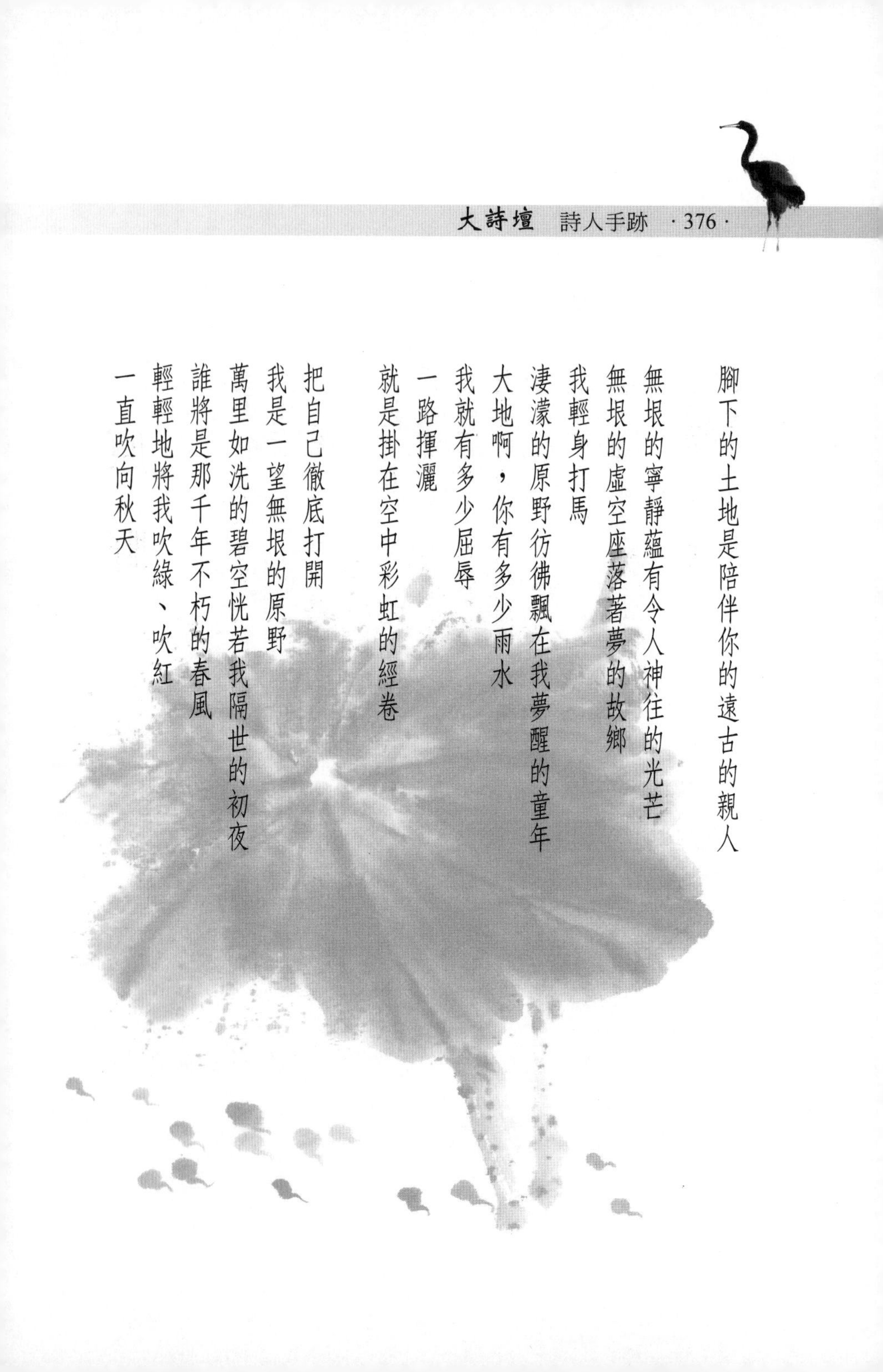

腳下的土地是陪伴你的遠古的親人

無垠的寧靜蘊有令人神往的光芒
無垠的虛空座落著夢的故鄉
我輕身打馬
淒濛的原野彷彿飄在我夢醒的童年
大地啊，你有多少雨水
我就有多少屈辱
一路揮灑
就是掛在空中彩虹的經卷

把自己徹底打開
我是一望無垠的原野
萬里如洗的碧空恍若我隔世的初夜
誰將是那千年不朽的春風
輕輕地將我吹綠、吹紅
一直吹向秋天

就這樣
把歌唱獻給遠方
把沉默留給原野

作者簡介

老夢，原名蕭斌偉，一九七三年生，湖南省邵陽縣人。一九八九年開始在《兒童文學》發表詩歌，有詩被選入《當代兒童文學名篇》、《兒童文學十年精華》等書。曾與香港詩人蔡麗雙共同主編了中國一百年新詩精華本——《中國新詩選讀》。現居邵陽，習詩並修訂《中國新詩選讀》。

國家圖書館出版品預行編目資料

大詩壇：詩人手跡 / 莊雲惠主編. -- 初版.
-- 臺北市：文史哲, 民 97.03
頁：　公分. --（文史哲詩叢；82）
ISBN 978-957-549-798-9 (平裝)

831.86　　97012000

文史哲詩叢 82

大詩壇：詩人手跡

主編者：莊雲惠
出版者：文史哲出版社
http://www.lapen.com.tw
登記證字號：行政院新聞局版臺業字五三三七號
發行人：彭正雄
發行所：文史哲出版社
印刷者：文史哲出版社
臺北市羅斯福路一段七十二巷四號
郵政劃撥帳號：一六一八〇一七五
電話886-2-23511028・傳真886-2-23965656

實價新臺幣四二〇元

中華民國九十七年（2008）六月初版

ISBN 978-957-549-798-9